FRANCISCO DE AQUINO JÚNIOR

RENOVAR TODA A IGREJA NO EVANGELHO

Desafios e perspectivas
para a conversão pastoral na Igreja

EDITORA
SANTUÁRIO

Direção Editorial:	Pe. Fábio Evaristo R. Silva, C.Ss.R.
Conselho Editorial:	Ferdinando Mancilio, C.Ss.R.
	Gilberto Paiva, C.Ss.R.
	José Uilson Inácio Soares Júnior, C.Ss.R.
	Marcelo da Rosa Magalhães, C.Ss.R.
	Mauro Vilela, C.Ss.R.
	Victor Hugo Lapenta, C.Ss.R.
Coordenação Editorial:	Ana Lúcia de Castro Leite
Revisão:	Sofia Machado
Diagramação e Capa:	Mauricio Pereira
Ilustração da capa	Luan de Saboia

Dados Internacionais de Catalogação na Publicação (CIP) de acordo com ISBD

A657r   Aquino Júnior, Francisco de

Renovar toda a Igreja no Evangelho: desafios e perspectivas para a conversão pastoral na Igreja / Francisco de Aquino Júnior. - Aparecida, SP : Editora Santuário, 2019.
128 p. ; 14cm x 21cm.

ISBN 978-85-369-0601-0

1. Cristianismo. 2. Evangelho. 3. Pastoral. 3. Igreja. I. Título.

2019-978   CDD 240
                                                                                  CDU 24

Elaborado por Odilio Hilario Moreira Junior- CRB-8/9949

Índice para catálogo sistemático:
1. Cristianismo 240
2. Cristianismo 24

1ª impressão

Todos os direitos reservados à EDITORA SANTUÁRIO – 2019

Rua Pe. Claro Monteiro, 342 – 12570-000 – Aparecida-SP
Tel.: 12 3104-2000 – Televendas: 0800 - 16 00 04
www.editorasantuario.com.br
vendas@editorasantuario.com.br

Ao papa Francisco,
por seu empenho evangélico-profético
em uma "Igreja pobre para os pobres"
ou uma "Igreja em saída para as periferias".

SUMÁRIO

Prefácio *(Agenor Brighenti)* 9
Introdução 17

I. Panorama eclesial com o papa Francisco 21
1. A problemática do panorama eclesial 23
2. A novidade que representa Francisco 29
3. Desafios e tarefas 33

II. "Recuperar o frescor original do Evangelho" 45
1. Desvio de rota 47
2. Retomando o caminho 51

**III. 50 anos de Medellín – 5 anos de Francisco:
perspectivas teológico-pastorais** 57
1. Importância de Medellín e de Francisco
   na Igreja e na sociedade 58
2. Perspectiva teológico-pastoral
   de Medellín e Francisco 65
3. Desafios teológico-pastorais 70

**IV. Centralidade dos pobres na Igreja:
clamores e resistências atuais** 81
1. Centralidade dos pobres na Igreja 83
2. Clamores e resistências atuais 92

**V. Comunidades eclesiais de base:
desafios e perspectivas** 107
1. CEBs nas conferências de Medellín e Puebla 110
2. Desafios e perspectivas 117

Conclusão: "É missão de todos nós..." 125

PREFÁCIO

Este substancioso livro de Francisco Aquino Júnior não é um simples tributo ao Papa Francisco, ainda que ele o mereça e muito. Muito menos é expressão de um "culto à personalidade" de pessoas que "me" agradam. O objetivo da obra não é apoiar o Papa, mas aquilo que o Papa apoia. Desde a primeira hora de seu pontificado, o propósito de Francisco é resgatar a renovação do Vaticano II e da tradição eclesial libertadora da Igreja na América Latina, fruto de uma "recepção criativa" do Concílio, que fez dele mais um "ponto de partida" do que um "ponto de chegada".

Perguntado recentemente como se poderia ajudá-lo no exercício de seu ministério petrino, o Papa respondeu: "Querem me ajudar, então retomem e continuem levando adiante a renovação do Concílio Vaticano II". Este também é o objetivo deste livro. O autor se propõe situar o leitor no "panorama eclesial" atual (I), no seio do qual urge "recuperar o frescor original do evangelho" (II), nos moldes da tradição eclesial libertadora (III), que deu à Igreja na América Latina um rosto e uma palavra própria, plasmados na opção pelos pobres (IV) e nas comunidades eclesiais de base (V).

Com aqueles que resistiram ao longo "inverno eclesial" que se instaurou na Igreja nas últimas três décadas, não há como não se rejubilar com a eleição do Papa Francisco. Os poucos anos deste pontificado foram suficientes para criar na Igreja um momento novo, ainda que não sem tensões e a oposição de segmentos eclesiais que até então gozavam de todo o prestígio institucional e ocupavam centros de poder. A eleição de um Papa oriundo do "fim do mundo" desestabilizou o velho centro eurocêntrico, em especial a Cúria romana, acostumada a domesticar autoritariamente a periferia e as fronteiras. A renúncia de Bento XVI, em certa medida, poderia ser lida como o esgotamento de um projeto de Igreja em torno à denominada "nova evangelização", levado a cabo nas últimas três décadas. A categoria "nova evangelização", plasmada por Medellín e assumida por Paulo VI na Evangelii Nuntiandi, expressava a necessidade de um novo modo de pensar e de agir para implementar a renovação do Concílio Vaticano II. Mas, foi usada para levar a cabo um projeto de restauração do esclerosado modelo de neocristandade. A meta parecia ser, por meio de uma missão centrípeta, sair para fora da Igreja, a fim de trazer de volta para dentro dela os católicos afastados. Para isso se havia minimizado a profunda renovação operada pelo Vaticano II e posto em pauta uma "reforma da reforma" do Concílio, acompanhada da ruptura do diálogo franco e aberto com o mundo, que passa por profundas transformações. O novo Papa, entretanto, tinha consciência que a emergência de novos valores, verdadeiros "sinais dos tempos", entretanto, desafiava a Igreja a sair da "noite escura" em que se havia mergulhado, sob o comando de segmentos da alta hierarquia e com o respaldo de grupos tradicionalistas, visivelmente nostálgicos de um passado sem retorno.

Para abordar o resgate da renovação do Vaticano II e da tradição eclesial libertadora da Igreja na América Latina, Aquino Júnior recorre à Conferência de Aparecida e ao Papa Francisco, que advogam por uma "conversão pastoral da Igreja", já proposta pela Conferência de Santo Domingo (SD 30). Trata-se de uma conversão "coerente com o Concílio" e que abrange tudo e a todos: "a consciência, a práxis pessoal e comunitária, as relações de igualdade e autoridade, bem como as estruturas da Igreja". A conversão na consciência da comunidade eclesial é o nível mais profundo da conversão pastoral e da renovação eclesial. Ela concerne a cada pessoa que integra uma comunidade eclesial e também a comunidade como um todo, na medida em que a conversão pastoral e a renovação eclesial dependem também de uma nova consciência comunitária ou uma nova autoconsciência da Igreja. Uma comunidade é mais que a mera soma de seus membros. A Igreja é sujeito e também objeto de conversão. A conversão na práxis pessoal e comunitária tem a ver com mudanças nas práticas. O Vaticano II, superando todo dualismo, nos fez tomar consciência que o cristianismo não propõe à humanidade nada mais do que sermos plenamente humanos. Medellín postulou a salvação como a passagem de situações menos humanas para situações mais humanas. Na mesma perspectiva, Evangelii Nuntiandi frisa que entre evangelização e promoção humana há laços intrínsecos.

A conversão nas relações de igualdade e autoridade diz respeito a mudanças no exercício da autoridade e do poder na Igreja. Para Aparecida, o clericalismo, o autoritarismo, a minoridade do laicato, a discriminação das mulheres e a falta de corresponsabilidade entre todos os batizados na Igreja são os grandes obstáculos para levar adiante a renovação proposta pelo Vaticano II. Já a conversão das estruturas implica a coragem de averiguar até que ponto o "ser" da Igreja, em sua organização e estruturas, está sendo suporte a seu "fazer" no contexto atual. As estruturas são um elemento fundamental da visibilidade da Igreja, pois, afetam seu caráter de sacramento. As estruturas são também mensagem.

Francisco de Aquino Júnior frisa neste livro que a conversão pastoral da Igreja, segundo o Papa Francisco, leva a uma "Igreja em saída", que supera uma "Igreja autorreferencial". É hora de desvencilhar a Igreja do período de Cristandade, pautada pelo eclesiocentrismo de uma instituição que se crê o único meio de salvação, regida por princípios ideais e integrada por fiéis que se enquadram nos inúmeros requisitos pré-estabelecidos pelas leis canônicas. Em uma Igreja autorreferencial, para o Papa Francisco, sobram e se toma distância: dos irregulares, em situações que ferem códigos legais; dos que estão nas "periferias do pecado", considerados perdidos porque impedidos de acesso aos sacramentos; dos que estão "nas periferias da ignorância e da prescindência religiosa", excluídos como interlocutores dignos de serem levados a sério; dos que estão "nas periferias do pensamento", desafio aos sistemas teológicos de contornos nítidos e certezas incontestáveis; enfim, dos que estão "nas periferias da injustiça, da dor e de toda miséria", clamando não pelo julgamento de um juiz, mas pelo regaço de uma mãe. Aqui se encontram os pobres e analfabetos, os moradores de rua, a população carcerária, os dependentes químicos, os homossexuais, as famílias incompletas, casais em segunda união, os dilacerados por rupturas de relações de diversa índole, os não crentes, os padres casados etc. Para o Papa Francisco, "a posição do discípulo missionário não é uma posição de centro, mas de periferias". Ainda como bispo em Buenos Aires, criticava "as pastorais distantes", pastorais disciplinares que privilegiam os princípios, as condutas, os procedimentos organizacionais, sem proximidade, sem ternura, nem carinho. Ignora-se, dizia ele, a "revolução da ternura", que provocou a encarnação do Verbo.

"Igreja em saída" é uma Igreja descentrada de si mesma, em direção às periferias, onde estão os pobres e excluídos. O Concílio Vaticano II havia conclamado a Igreja a inserir-se no mundo. Mas a Igreja na América Latina se perguntaria em Medellín: inserir-se no mundo, mas dentro de que mundo: do mundo dos 20% de incluídos ou do mundo dos 80% de excluídos? E não hesitou em fazer a opção pelos pobres, uma opção contra a pobreza, para incluir os excluídos em um mundo onde caibam todos, expressão do Reino de Deus na concretude da história. Em sintonia com a tradição eclesial libertadora da Igreja na América latina, também o Papa Francisco fez dos pobres uma questão primeira e central na vida da Igreja e de seu pontificado. A preocupação primordial não é sua autoridade ou sua imagem pública, nem a doutrina da Igreja ou discursos bem arquitetados, mas o sofrimento e causa dos pobres no mundo, que são a causa do Deus da revelação bíblica. Para o Vaticano II na Gaudium et Spes, Jesus é o ponto de chegada da missão da Igreja, mas seu ponto de partida é o ser humano. Ou como disse João Paulo II, com Irineu de Lion: "o ser humano é o caminho da Igreja" (RH 14). Nisto está a essência do Evangelho, pois recolhe o modo de relação de Jesus com o sofrimento dos doentes, dos pobres, dos desprezados, sejam eles pecadores ou publicanos, crianças silenciadas ou mulheres desprezadas.

Para o Papa Francisco, urge "uma Igreja pobre e para os pobres" reais, não virtuais, de forma espiritualista. Como disse em uma obra social em Roma e repetiu no Brasil: "Vocês, os pobres, são a carne de Cristo". Os pobres prolongam a paixão de Cristo, na paixão do mundo (Leonardo Boff). Por isso, para o Papa, "é nas favelas, nas vilas miséria, onde se deve ir buscar e servir a Cristo". Na Evangelii Gaudium, diante de tantas espiritualidades alienantes, o Papa Francisco clama por um cristianismo encarnado: "mais do que o ateísmo, hoje se coloca o desafio de responder adequadamente à sede de Deus de muita gente, para que não busquem apagá-la com propostas alienantes ou em um Jesus Cristo sem carne e sem compromisso com o outro. Se não encontram na Igreja uma espiritualidade que os sane, liberte, os encha de vida e de paz, ao mesmo tempo em que os convoque à comunhão solidária e à fecundidade missionária, acabarão enganados por propostas que não humanizam, nem dão glória a Deus" (EG 89).

Finalmente, neste livro, Aquino Júnior põe em relevo que, na perspectiva da opção pelos pobres, a presença da Igreja nas periferias se dá especialmente pelas comunidades eclesiais de base. As CEBs têm sido, entre nós, uma forma privilegiada para uma Igreja em saída, de superação de uma "Igreja autorreferencial", passando de uma missão centrípeta (sair para fora para trazer as pessoas para dentro da Igreja) a uma missão centrífuga (oferecer gratuitamente a proposta do Reino de Deus). Em mais de meio século de caminhada, as CEBs mostram que são "uma Igreja de portas abertas" (EG 46), deixando de ser "uma Igreja alfândega" (EG 47) para ser uma "Igreja samaritana", acolhedora de todos, que se deixa tocar pela "revolução da ternura", expressão da transformação missionária da Igreja. As CEBs, concebidas por Medellín como "a célula inicial da estruturação eclesial" (Med 6,1) são o fruto mais precioso do esforço de uma mudança de estruturas na Igreja. A paróquia, historicamente, sempre esteve atrelada ao modelo da "pastoral de conservação", centralizada no padre e na Igreja matriz, com perfil de uma Igreja sacramentalizadora, com escassa evangelização. Por isso, para Medellín, as CEBs são a Igreja como eclesiogênese, pois não existe Igreja sem experiência concreta de vida fraterna, o que só é possível em pequenas comunidades. Assim começou a Igreja e funcionou por séculos – a domus ecclesiae, uma Igreja de pequenas comunidades reunidas nas casas, até o surgimento da paróquia no século IV, quando perdemos o caráter eclesial doméstico. Quando a paróquia é "comunidade de comunidades" (EG 28) deixa de ser a paróquia tradicional, para ser uma rede de comunidades no seio da Igreja Local, inseridas profeticamente na sociedade. É a proposta de Medellín (1968), reafirmada por Puebla (1979) e resgatada por Aparecida (2007).

Este é o teor deste novo livro de Aquino Júnior. É muito gratificante ver um jovem teólogo, profeta e pastor, sintonizado com a renovação do Vaticano II e a tradição eclesial libertadora da Igreja na América Latina e, sobretudo, fazendo teologia na periferia e para as periferias. O leitor destas páginas desfrutará de uma reflexão que "recupera o frescor do evangelho", ao mesmo tempo em que, com Francisco, se sentirá desafiado a alimentar a esperança dos pobres, os preferidos de Deus, seja no que já está fazendo ou precisa ainda fazer para testemunhar a fé em um Jesus pobre e itinerante. É esse Jesus que com sua vida e obra inaugurou o Reino de Deus, do qual, atendendo a seu convite, somos também construtores de um mundo onde caibam todos.

Agenor Brighenti

INTRODUÇÃO

Em sintonia com o dinamismo eclesial desencadeado pelo Concílio Vaticano II e sua recepção na América Latina, a partir da Conferência de Medellín, o papa Francisco, em sua Exortação Apostólica *Evangelii Gaudium*, convida os cristãos para uma "nova etapa evangelizadora", marcada pela "alegria do Evangelho", e indica "caminhos para o percurso da Igreja nos próximos anos" (*EG* 1). Essa "nova etapa evangelizadora" é compreendida como uma "transformação missionária da Igreja" (*EG*, cap. I). Ela existe para a missão. Ela é missionária por sua própria natureza (*AG* 2). E sua missão é a mesma de Jesus: "tornar o Reino de Deus presente no mundo" (*EG* 176). Essa é a "eterna novidade" da Igreja (*EG* 11) e toda renovação ou reforma da Igreja deve se realizar a partir e em vista dessa missão.

É nesse sentido que Francisco fala de uma "conversão pastoral e missionária" da Igreja (*EG* 25) ou de uma "renovação eclesial inadiável": "uma opção missionária capaz de transformar tudo, para que os costumes, os estilos, os horários, a linguagem e toda a estrutura eclesial se tornem um canal proporcionado mais à evangelização do mundo atual do que à autopreservação. A reforma das estruturas, que a conversão pastoral exige, só se pode entender neste sentido: fazer com que todas elas se tornem mais missionárias, que a pastoral ordinária em todas as suas instâncias seja mais comunicativa e aberta, que coloque os agentes pastorais em atitude constante de 'saída' e, assim, favoreça a resposta positiva de todos aqueles a quem Jesus oferece sua amizade. Como dizia João Paulo II aos bispos da Oceania, 'toda renovação na Igreja há de ter como alvo a missão para não cair vítima de uma espécie de introversão eclesial'" (EG 27).

Não basta uma mudança nas estruturas sociais da Igreja. É urgente uma mudança na própria concepção da Igreja e de sua missão no mundo. Não nos iludamos: as estruturas eclesiais estão sempre ligadas a concepções eclesiais. Mais ainda: a concepção de Igreja é em si mesma um aspecto estrutural fundamental da Igreja que determina, inclusive, sua estruturação social. Se uma concepção eclesiocêntrica e clerical da Igreja se traduz em estruturas e mediações eclesiocêntricas e clericais de Igreja, a mudança de estruturas na Igreja passa pela mudança de concepção da Igreja e sua missão. São dois aspectos do mesmo problema. Aspectos que se implicam e se remetem mutuamente. Afinal, "uma identificação dos fins, sem uma condigna busca comunitária dos meios para alcançá-los, está condenada a traduzir-se em fantasia" (*EG* 33), "sem vida nova e espírito evangélico autêntico, sem 'fidelidade da Igreja à própria vocação', toda e qualquer nova estrutura se corrompe em pouco tempo" *(EG* 26).

Daí que toda autêntica reforma ou conversão da Igreja consista numa volta a Jesus Cristo e seu Evangelho, que determina tanto a missão da Igreja no mundo (reinado de Deus) quanto sua estruturação social (configuração eclesial, exercício da missão). "Sempre que procuramos voltar à fonte e recuperar o frescor original do Evangelho, despontam novas estradas, métodos criativos, outras formas de expressão, sinais mais eloquentes, palavras cheias de renovado significado para o mundo atual" (*EG* 11).

É nesse sentido, precisamente, que falamos aqui de renovação evangélica da Igreja: missão (tornar o Reino de Deus presente no mundo), estrutura social (comunidade – carismas e ministérios). *Renovar toda a Igreja no Evangelho!* Este livro reúne um conjunto de textos que trata dessa problemática. Embora escritos e publicados como artigo independente um do outro, sintonizam com as preocupações e orientações pastorais de Francisco e, acolhendo seu convite na Exortação Apostólica *Evangelii Gaudium*, querem colaborar com ele e toda a Igreja nessa "nova etapa evangelizadora", marcada pela "alegria do Evangelho". Faz isso ajudando a compreender melhor o atual contexto eclesial e os desafios pastorais com os quais a Igreja é confrontada e desafiada hoje (capítulos 1 e 2), explicitando os pressupostos e as perspectivas teológico-pastorais do dinamismo eclesial proposto e desencadeado por Francisco (capítulo 3), tratando de dois aspectos ou elementos fundamentais desse dinamismo eclesial: centralidade dos pobres (capítulo 4) e comunidade de base (capítulo 5) e insistindo na corresponsabilidade de todos na missão da Igreja (conclusão).

O desafio que está colocado para toda a Igreja é "voltar à fonte e recuperar o frescor original do Evangelho" (*EG* 11), experimentar "a doce e reconfortante alegria de evangelizar" (*EG* 9-1), fazer ressoar no mundo e particularmente nas periferias do mundo a "alegria do Evangelho" (*EG* 20), enfim, *renovar toda a Igreja no Evangelho!*

I

PANORAMA ECLESIAL COM O PAPA FRANCISCO[1]

Nossa pretensão é provocar uma discussão sobre o panorama eclesial atual. Essa discussão é sempre necessária por *razões pastorais* e por *razões teológicas*: A Igreja é, constantemente, provocada a discernir nas situações e nos contextos em que vive as possibilidades e os caminhos de atuação pastoral e ver até que ponto essas possibilidades e esses caminhos são uma autêntica mediação de sua missão no mundo.

Mas essa discussão se torna particularmente relevante e necessária quando acontece algo novo que altera, de modo significativo, o panorama eclesial. E tanto em vista de compreender bem essa *novidade*: seu conteúdo, sua abrangência, suas possibilidades, seus limites etc. Quanto em vista de um *discernimento teológico* dela: até que ponto e em que medida essa novidade é um *kairós* para a Igreja, isto é, um tempo de graça, uma mediação privilegiada da salvação?

---

[1] Publicado na REB 300 (2015) p. 990-1006.

É o que o Concílio Vaticano II chama de "sinais dos tempos", no duplo sentido que confere a essa expressão: "A Igreja deve em todas as épocas *perscrutar* os sinais dos tempos e *interpretá-los* à luz do Evangelho, para ser capaz de oferecer, de forma apropriada ao modo de ser de cada geração, resposta às grandes questões a respeito do sentido da vida presente e futura" (*GS* 4)[2]. Por um lado, "é preciso conhecer e compreender bem o mundo em que se vive, sua índole, muitas vezes dramática, suas expectativas e seus desejos" (*GS* 4). Por outro lado, é preciso "discernir nos acontecimentos, nas exigências e nas aspirações do nosso tempo [...] verdadeiros sinais da presença de Deus e de seus desígnios" (*GS* 11).

Sem dúvida, a renúncia de Bento XVI e a eleição de Francisco como bispo de Roma, em 2013, representam uma novidade no panorama eclesial, que exige reflexão e discernimento. É preciso compreender bem essa novidade, reconhecendo e identificando suas possibilidades e seus limites, discernindo o que ela tem sinal/apelo de Deus para a Igreja e buscando as mediações necessárias para sua real efetivação e dinamização, de modo a não desperdiçar o tempo de graça que Deus nos oferece.

Para isso, faremos algumas considerações gerais sobre a problemática do panorama eclesial, destacaremos a novidade que representa Francisco no atual panorama eclesial e indicaremos alguns apelos e desafios evangélicos que emergem deste panorama eclesial.

---

[2] Sobre a expressão "sinais dos tempos" nos textos conciliares, cf. *GS* 4, 11, 44; *PO* 9; *UR* 4; *AA* 14. Para um estudo mais amplo da problemática, cf. BOFF, Clodovis. *"Sinais dos Tempos"*: Princípios de leitura. São Paulo: Loyola, 1979.

1. A PROBLEMÁTICA DO PANORAMA ECLESIAL

Está em jogo, aqui, a *situação atual* da Igreja: seu *dinamismo* (forças, tensões, hegemonia, resistências etc.) e suas *perspectivas* (direcionamento, possibilidades, limites etc.). Esta problemática pode ser explicitada e formulada de várias maneiras: conjuntura, modelo, cenário[3], panorama.

Trata-se, em todo caso, de compreender e discernir a situação ou o momento atual da Igreja, enquanto processo histórico-teologal. *Histórico*, porque é fruto de apropriação de possibilidades (não surge do nada) e porque desencadeia processos (não está acabado nem se sabe onde vai chegar). *Teologal*, porque se realiza, consciente ou inconscientemente, em conformidade ou em oposição à realização histórica da salvação (mediação ou oposição salvífica).

É que uma análise da conjuntura, do cenário ou do panorama eclesial não pode se reduzir a mera constatação de fatos, processos, dinamismos (se é que alguma análise de fato se reduz a isso...). Por mais importante e necessário que seja, isso é insuficiente para a Igreja. É preciso dar um passo a mais. A análise da conjuntura, do cenário ou do panorama eclesial tem que ser feita a partir e em vista da realização histórica da salvação ou do reinado de Deus neste mundo. Nunca é nem pode ser uma análise neutra, indiferente, desinteressada (se é que é possível...). É sempre uma análise interessada, comprometida, engajada... Trata-se, portanto, de uma análise da situação ou do momento atual da Igreja, mas uma análise feita a partir e em vista da missão da Igreja, isto é, da realização histórica da salvação ou do reinado de Deus no mundo.

---

[3] Cf. LIBANIO, João Batista. *Cenários de Igreja*. São Paulo: Loyola, 1999, 11-13.

Falaremos, aqui, da situação ou do momento atual da Igreja em termos de *panorama eclesial* e a partir da novidade que representa o novo bispo de Roma, o papa *Francisco*, na configuração e no dinamismo desse panorama.

A. Panorama eclesial

A expressão *panorama* (*pan* = total; *'orama* = vista) indica primariamente uma visão ampla ou abrangente de um território, de uma paisagem, de uma cidade etc., vistos, normalmente, de um ponto de vista elevado e/ou distante. Ela foi cunhada na II metade do século XVIII pelo pintor irlandês Robert Barker para descrever suas pinturas panorâmicas de Edimburgo.

Transposta e aplicada à realidade eclesial atual, a expressão panorama indica uma visão ampla e abrangente da situação ou do momento atual da Igreja, considerada em sua totalidade e em sua complexidade, o que exige certo distanciamento crítico analítico-reflexivo.

A totalidade e complexidade eclesial dizem respeito tanto à pluralidade de sujeitos, interesses e forças na Igreja, quanto aos conflitos e às tensões entre esses sujeitos e essas forças, quanto ainda à hegemonia que vai se estabelecendo e se impondo na correlação de forças, bem como às resistências que vão se construindo e se consolidando.

Essa hegemonia e essa resistência têm um papel fundamental na configuração e consolidação ou na alteração do panorama eclesial, permitindo e justificando a abordagem, análise ou esboço do panorama eclesial a partir de um de seus elementos: força hegemônica ou força de resistência.

É importante lembrar que ao falar de panorama eclesial, estamos falando de algo histórico: dinâmico e processual, tenso e conflitivo, aberto e sempre possível de alteração. Além do mais, é bom não esquecer que não existe análise absolutamente neutra: "todo ponto de vista é a vista a partir de um ponto". Por mais objetiva que seja e deva ser, toda análise é marcada e condicionada pelo lugar e pelos interesses de quem a faz; tende a legitimar e favorecer determinados dinamismos e processos. Daí porque um mesmo fato ou panorama possa ser analisado de maneiras tão distintas e até contrárias.

B. A partir do papa Francisco

Embora um panorama eclesial seja uma realidade complexa (irredutível a qualquer de seus sujeitos, elementos, forças e dinamismos) e dinâmica (aberta, em construção, alterável), enquanto realidade histórica, ele é fruto da ação humana e pode ser alterado pela ação humana. Tem sempre a ver com apropriação e criação de determinadas possibilidades[4].

Dizer que o panorama eclesial é fruto da ação humana não significa negar nem prescindir nem resvalar a ação de Deus; não tem nada de pelagianismo. Afinal, Deus age por intermédio das pessoas e dos acontecimentos históricos. E as pessoas podem, inclusive, decidirem-se contra Deus... Não há concorrência entre ação humana e ação divina. A iniciativa é sempre de Deus. Mas sua efetivação histórica passa pela adesão ou rejeição das pessoas. Deus respeita a liberdade humana; não destrói a obra de suas mãos.

[4] Cf. ZUBIRI, Xavier. *Tres dimensiones del ser humano:* individual, social, histórica. Madrid: Alianza Editorial, 2006.

E o fato de ser fruto da ação humana e poder ser alterado pela ação humana é que nos permite tratar de modo razoável do panorama eclesial a partir de um sujeito ou acontecimento determinado, sem negar nem prescindir da complexidade e mesmo ambiguidade de todo panorama eclesial.

Não todo sujeito ou acontecimento tem capacidade e condições de alterar significativamente um panorama eclesial. Mas há sujeitos – individuais (João XXIII, João Paulo II, Oscar Romero etc.) ou coletivos (CEBS, pentecostalismo etc.) – e acontecimentos (Vaticano II, Medellín etc.) que, por uma série de fatores e dinamismos, interferem decisivamente na configuração de um panorama eclesial.

Ainda é cedo para se afirmar que Francisco pode ser contado entre os sujeitos que alterará de maneira significativa o atual panorama eclesial. Em todo caso, não se pode negar que ele representa uma ruptura de estilo e de perspectiva com os dois últimos papas e que há uma série de fatores que permitem considerar Francisco como um desses sujeitos que poderá alterar de modo significativo o atual panorama eclesial:

a) Se não se pode desconsiderar o papel e o peso das lideranças em qualquer organização social e em qualquer processo histórico, menos ainda se pode fazê-lo em se tratando da Igreja, dada a tradição clerical que a configura e a caracteriza; tradição revigorada e reforçada nas últimas três décadas, não obstante as novas perspectivas abertas pelo Concílio Vaticano II.

b) Tampouco, pode-se desconsiderar o lugar, a função e o peso que o bispo de Roma tem no conjunto da Igreja católica romana, marcada nos últimos séculos por um processo crescente de centralismo romano; processo relativizado pelo Concílio, mas retomado e reforçado nas últimas décadas.

c) Não menos digno de nota é o indiscutível carisma pessoal de Francisco e sua capacidade de governo (diálogo, processos, pontes, consensos, determinação etc.) que, junto com seu testemunho de vida, lhe conferem grande autoridade e credibilidade, com um impacto muito positivo na sociedade.

d) Sem falar que o dinamismo eclesial desencadeado pelo Concílio e por Medellín, embora sufocado e parcialmente domesticado nas últimas décadas, continua muito presente e latente em vários setores da Igreja e pode ganhar com Francisco nova força e novo vigor no conjunto da Igreja.

Mas há também uma série de fatores que obstaculizam e relativizam essa possibilidade de uma alteração significativa do atual panorama eclesial; fatores que não podem ser desconsiderados nem tratados como irrelevantes:

a) Tudo indica que o ministério de Francisco como bispo de Roma será breve e pode não ser suficiente para realizar e consolidar as mudanças necessárias. É verdade que o ministério de João XXIII também foi muito curto, mas o suficiente para desencadear um processo de reformas profundas na Igreja; o "papa de transição" terminou sendo o papa que possibilitou uma verdadeira transição na Igreja. Mas isso é muito raro. É bom não esquecer que o estilo e a perspectiva de João Paulo II e de Bento XVI se consolidaram e se impuseram ao longo de três décadas;

b) Além do mais, "se suas palavras e gestos se mantiverem como expressões e vivências de uma só pessoa, por mais que ele seja o papa, e não penetrarem, de cima a baixo, em todos os escalões eclesiásticos, seu pontificado será, pouco a pouco, 'domesticado'"[5]. E não basta uma reforma na Cúria romana. "A Igreja não se reforma radicalmente pelo simples fato de reformar a cúria vaticana, seus dicastérios e seus cargos de governo. Isso, obviamente, é necessário. Porém, não esqueçamos que a Igreja não é a cúria"[6];

c) Sem falar que há muita resistência (silenciosa, mas operante) na Cúria romana, nas instâncias de governo (bispos, padres), entre os candidatos ao ministério presbiteral e em muitos grupos à perspectiva e ao estilo de Francisco. Podemos até falar, aqui, de uma espécie de "cisma branco", isto é, "um silencio indiferente sem protestos"[7], semelhante ao que se deu nas últimas décadas, sobretudo em temas de moral, entre as orientações do magistério da Igreja e a prática comum dos cristãos;

d) Por fim, uma questão que sempre se levanta é se e até que ponto Francisco conseguirá levar adiante e regulamentar, inclusive juridicamente, um real processo de descentralização eclesial; processo indicado e inaugurado pelo Concílio, mas sufocado e reprimido nos anos pós-conciliares.

Como se vê, a questão da possibilidade de uma alteração significativa do atual panorama eclesial como o novo bispo de Roma é uma questão aberta e em disputa. É, sem dúvida, uma

---

[5] VIDAL, José Manuel – BASTANTE, Jesús. "As mudanças (presentes e futuras) da primavera de Francisco". IN: SILVA, José Maria da (Org.). *Papa Francisco*: Perspectivas e expectativas de um papado. Petrópolis: Vozes, 2014, 99-110, aqui 105.

[6] CASTILHO, José Maria. "O papa Francisco e o futuro da Igreja Católica mundial". In: SILVA, José Maria da. *Op. cit.*, 111-120, aqui 115.

[7] LIBANIO, João Batista. "Concílio Vaticano II. Os anos que se seguiram". In: LORSCHEIDER, Aloísio *et al.* Vaticano II: 40 anos depois. São Paulo: Paulus, 2005, 71-78, aqui 80; cf. JAMES, Carlos. "Análise de conjuntura religioso eclesial: Por onde andam as forças". *Perspectiva Teológica* 29 (1996) 157-182, aqui 173.

possibilidade real. Mas uma possibilidade que encontra muitas resistências e pode ser sufocada e/ou domesticada. Em todo caso, convém considerar os principais traços ou as principais características de seu ministério pastoral; traços ou características que poderão se consolidar ou que serão sufocados.

2. A NOVIDADE QUE REPRESENTA FRANCISCO

Certamente, Francisco representa uma novidade no atual panorama eclesial. Mas uma novidade que tem suas raízes no processo eclesial conciliar e pós-conciliar, particularmente em seu dinamismo latino-americano. Em boa medida, ele retoma e atualiza a tradição eclesial que vem do Concílio e da conferência de Medellín.

Não seria exagerado afirmar que Francisco realiza uma *síntese peculiar* das intuições e orientações teológico-pastorais do Concílio Vaticano II e da Igreja Latino-americana. *Síntese*, porque se trata, na verdade, de retomada e rearticulação das intuições e orientações fundamentais do Concílio e da caminhada eclesial latino-americana; não é algo absolutamente novo. *Peculiar*, pelo modo próprio de retomada e articulação, fruto, em boa medida, de sua experiência pastoral e que se materializa nos gestos, nos acentos, na linguagem, nas mediações cultural--religiosas etc.

O Documento da Aparecida, do qual foi um dos principais redatores, pode ser tomado como um primeiro esboço dessa síntese. Mas ela encontra sua elaboração mais acabada, ainda que aberta e em processo de elaboração, na sua Exortação Apostólica *Alegria* do *Evangelho*, com a qual quer "indicar caminhos para o percurso da Igreja nos próximos anos" (*EG* 1)[8].

Essa síntese parece ser estruturada em torno de duas questões fundamentais que se implicam e se remetem mutuamente e que dizem respeito à *missão* e à *organização* da Igreja. Explicitemos melhor a questão.

Por um lado, Francisco tem repetido muito que a Igreja não existe para si nem pode estar centrada em si mesma. Ela existe para a missão e sua missão consiste em "tornar o Reino de Deus presente no mundo" (*EG* 176), particularmente nas "periferias" sociais e existenciais do nosso mundo. Daí seu alerta constante contra essa "doença espiritual" que é o "autocentramento" ou a "autorreferencialidade" da Igreja (*EG* 93-97)[9] e sua insistência constante na centralidade dos pobres e de todos as pessoas que sofrem na Igreja que, aliás, deve ser "pobre e para os pobres" (*EG* 198)[10]: "Prefiro uma Igreja acidentada e enlameada por ter saído pelas estradas, a uma Igreja enferma pelo fechamento e a comodidade de se agarrar às próprias estruturas [...] Mais que o temor de falhar, espero que nos mova o medo de nos encerrarmos nas estruturas que nos dão uma falsa proteção, nas normas que nos transformam em juízes implacáveis, nos hábitos em que nos sentimos tranquilos, enquanto lá fora há uma multidão faminta e Jesus repete-nos sem cessar: 'Dai-lhes vós mesmos de comer'" (*EG* 49).

Por outro lado, ele tem recordado e reafirmado constantemente que a Igreja é o "povo de Deus" e que todos, como "discípulos-

---

[8] PAPA FRANCISCO. *Evangelii Gaudium*: Sobre o anúncio do Evangelho no mundo atual. São Paulo: Paulinas, 2013.
[9] Cf. GAETA, Severino. *Papa Francisco*: A vida e os desafios. São Paulo: Paulus, 2013, 28, 42.
[10] Cf. AQUINO JÚNIOR, Francisco de. "Uma Igreja pobre e para os pobres". *Convergência* 472 (2014) 349-365.

-missionários" de Jesus Cristo, devem assumir a tarefa evangelizadora. Além do mais, tem falado muito sobre a necessidade de "conversão pastoral" ou mesmo de "reforma" na Igreja. Neste contexto, Francisco tem retomado uma série de temas ou questões que emergiram no Concílio e que dizem respeito à estrutura e organização da Igreja; temas ou questões que não só não foram resolvidas e normalizadas, mas que foram sufocadas e até mesmo se tornaram assunto-tabu na Igreja nas últimas décadas: Igreja como povo de Deus; colegialidade episcopal; estatuto teológico e jurídico das conferências episcopais; primado do bispo de Roma; função, organização e funcionamento da cúria romana; lugar e participação da mulher na Igreja; estrutura paroquial; instancias de participação na Igreja, dentre outros. Tudo isso em vista de maior fidelidade à sua identidade, vocação e missão.

Sem dúvida, as reformas são importantes e necessárias. Mas são importantes e necessárias precisamente em vista da missão de anunciar e tornar realidade o reinado de Deus neste mundo, cuja característica mais importante é a misericórdia e a justiça aos pobres, oprimidos e sofredores[11]. E aqui está a fonte e o coração da novidade que representa Francisco para a vida e missão da Igreja hoje: uma volta ao evangelho do Reino, o que significa uma volta aos pobres, oprimidos e sofredores deste mundo. Ao voltar-se para os pobres e sofredores e ao colocá-los no centro de suas preocupações pastorais, Francisco desencadeia um processo de "conversão" e "reforma" evangélicas da Igreja, o que significa, na prática, "uma profunda mudança de agenda, isto é, daquilo que

---

[11] "Vejo com clareza que aquilo de que a Igreja mais precisa hoje é a capacidade de curar feridas e aquecer o coração dos fiéis, a proximidade [...] As reformas organizativas e estruturais são secundárias, isto é, vêm depois. A primeira reforma deve ser a da atitude" (SPADARO, Antonio. *Entrevista exclusiva do papa Francisco*. São Paulo: Paulus/Loyola, 2013, 19s).

é tido como essencial e primordial na tarefa evangelizadora"[12]: a "misericórdia de Deus" e o "primado da caridade e da justiça" na missão evangelizadora da Igreja[13]. Mas não nos iludamos. Este é um processo extremamente complexo e difícil, um processo que depende do conjunto da Igreja e que já está encontrando e vai encontrar muito mais resistência dentro e fora da Igreja. Dentro da Igreja porque os interesses e privilégios institucionais tendem a se sobrepor às exigências do Reino, porque a "psicologia de príncipe" e o "clericalismo"[14] dos que presidem a Igreja são muito mais fortes e têm raízes muito mais profundas do que parece e porque o devocionismo e o sacramentalismo são mais determinantes da vida da Igreja que a fé como seguimento de Jesus Cristo. Fora da Igreja por causa da indiferença social que caracteriza nossa cultura e porque, como dizia dom Helder Câmara, os poderes deste mundo toleram e até admiram "obras de misericórdia", mas reagem sempre contra os que lutam pela justiça: "Se dou comida aos pobres me chama de santo, se pergunto porque são pobres me chamam de comunista". E as centenas de mártires na América Latina estão para confirmar... O próprio Francisco já foi chamado de comunista por defender os direitos dos pobres frente ao sistema capitalista dominante[15].

---

[12] ANDRADE, Paulo Fernando Carneiro de. "A dimensão social da Evangelii Gaudium". In: AMADO, Joel Portela – FERNANDES, Leonardo Agostini (orgs.). *Evangelii Gaudium em questão*: aspectos bíblicos, teológicos e pastorais. São Paulo: Paulinas; Rio de Janeiro: PUC-Rio, 2014, 227-234, aqui 227.

[13] *Ibidem*, 228.

[14] PAPA FRANCISCO. *Palavras do Papa Francisco no Brasil*. São Paulo: Paulinas, 2013, 141s, 146; PAPA FRANCISCO. *A Igreja da misericórdia*: minha visão para a Igreja. São Paulo: Paralela, 2014, 71s.

[15] Em seu primeiro encontro com os movimentos populares em outubro de 2014, em Roma, falando sobre terra, casa e trabalho, Francisco afirma: "É estranho, mas se falo disto para alguns, o papa é comunista. Não compreendem que o amor pelos pobres está no centro do evangelho. Terra, casa e trabalho, aquilo pelo que lutais, são direitos sagrados. Exigi-lo não é estranho, é a

3. DESAFIOS E TAREFAS

Conforme indicamos anteriormente, o processo de renovação eclesial desencadeado por Francisco é um processo aberto e em disputa. Pode dar muitos frutos ou pode ser domesticado e abortado. Francisco tem um papel fundamental nesse processo, mas não depende só dele. Temos que colaborar. Há um conjunto de desafios e tarefas que exigem de nós compromisso, ousadia e criatividade em vista de sua efetivação e dinamização; alguns de ordem mais pastoral, outros de ordem mais teológica.

Falamos, aqui, de desafios e tarefas pastorais e desafios e tarefas teológicas. Certamente, eles não se opõem, mas se implicam mutuamente. Mas enquanto os desafios e tarefas pastorais dizem respeito mais diretamente à atuação e organização da Igreja, os desafios e tarefas teológicas dizem respeito mais diretamente à elaboração e justificação teóricas da missão e organização da Igreja.

3.1. Desafios e tarefas pastorais

Os desafios e as tarefas pastorais dizem respeito tanto à missão quanto à organização da Igreja; sendo que a organização da Igreja deve estar a serviço da missão e deve, de alguma maneira, ser sinal e mediação da vida nova Cristo Jesus.

---

doutrina social da Igreja" (*Discurso do Papa Francisco aos participantes do Encontro Mundial dos Movimentos Populares*. Brasília: Edições CNBB, 2015, 7s).

a) Missão da Igreja

Consideremos, antes de tudo, os desafios e as tarefas concernentes à *missão da Igreja*. Eles dizem respeito fundamentalmente à dimensão missionária da Igreja que não existe para si, mas para a missão ou, para sermos mais precisos, que é essencialmente missão. Falar de missão é falar de um processo/dinamismo permanente de saída/êxodo e saída/êxodo para as "periferias" sociais existenciais do nosso mundo. E aqui se explica a insistência de Francisco na necessidade e urgência de um processo radical de des-centramento da Igreja[16]. Ele o formula nos termos de "Igreja em saída" (*EG* 20ss, 48s) para as "periferias" do mundo (*EG* 20). É preciso sair, não para qualquer lugar nem para disputar fiéis com outras Igrejas ou religiões; sair para os lugares onde há dor, sofrimento, miséria, opressão, injustiça e sair para tornar realidade a boa notícia do reinado de Deus: "Cada cristão e cada comunidade há de discernir qual é o caminho que o Senhor lhe pede, mas todos somos convidados a aceitar esta chamada: sair da própria comodidade e ter a coragem de alcançar todas as periferias que precisam da luz do Evangelho" (*EG* 20); "Não devem subsistir dúvida nem explicações que debilitem esta mensagem claríssima. Hoje e sempre 'os pobres são os destinatários privilegiados do Evangelho' e a evangelização dirigida gratuitamente a eles é sinal do Reino que Jesus veio trazer. Há que afirmar sem rodeios que existe um nexo ou vínculo indissolúvel entre nossa fé e os pobres" (*EG* 48).

---

[16] Cf. TORRALBA, Francesc. "Sair de si mesmo: o movimento irrenunciável". In: SILVA, José Maria da (org.). *Op. cit.*, 84-98.

Isso significa e implica, como indicamos anteriormente, uma verdadeira "mudança de agenda" na Igreja que deve ser dinamizada e estruturada não a partir e em função de si mesma, mas a partir e em função de sua missão, que é ser sinal e instrumento da misericórdia de Deus para a humanidade sofredora. Infelizmente, a maioria de nossas comunidades, paróquias e dioceses vivem em função de si mesmas, giram em torno do próprio umbigo, quase completamente indiferentes "às alegrias e às tristezas, às angústias e às esperanças dos homens de hoje, sobretudo dos pobres e de todos os que sofrem" (GS 1). O tema da missão até mobiliza, desde que entendido como "recuperação" ou "conversão" dos "desviados" ou "perdidos". "Igreja em saída", pode ser; para as "periferias", nem tanto... Basta ver os grupos que existem, as atividades que realizam, os assuntos que discutem, os eventos que mobilizam e realizam, em que gastam mais energia e em que investem o dinheiro arrecadado... E, como prova de fogo, basta ver o cuidado, a dedicação, o serviço e a defesa dos direitos dos pobres, marginalizados e sofredores nessas comunidades, paróquias, dioceses...

Mas aqui está o cerne do processo de renovação ou reforma eclesial desencadeado por Francisco: "Igreja em saída" para as "periferias". Isso deve perpassar e dinamizar todas as dimensões e instâncias da Igreja: a catequese, a liturgia, o serviço da caridade e o conjunto das ações pastorais e evangelizadoras. Sem isso, qualquer mudança de estrutura ou organização da Igreja, mais cedo ou mais tarde, torna-se estéril. Afinal de contas, vale a insistência, ela não existe para si mesma...

b) Organização da Igreja

Com relação aos desafios e às tarefas concernentes à *organização da Igreja*, como temos insistido, eles só fazem sentido em função da missão da Igreja, tendo, portanto, uma importância secundária, por mais necessários e urgentes que sejam (cf. *EG* 26, 27): "toda renovação eclesial na Igreja há de ter como alvo a missão, para não cair vítima de uma espécie de introversão eclesial" (*EG* 27). Grosso modo, eles podem ser agrupados ou resumidos em três pontos fundamentais que dizem respeito, respectivamente, à dimensão comunitária e missionária da fé, à conversão pastoral e à descentralização da Igreja, mediante estruturas de comunhão e participação.

Em primeiro lugar, a *dimensão comunitária e missionária da fé*. A fé é algo que se vive em comunidade e que nos descentra de nós mesmos na direção do outro, especialmente do "caído à beira do caminho". A comunidade eclesial não é algo secundário e opcional na vivência da fé nem é algo que existe em função de si mesma. É preciso e urgente animar e fortalecer as comunidades existentes e criar novas comunidades como lugar de oração, de vida fraterna e de compromisso com os pobres; a comunidade é o útero da fé, o lugar onde a fé é gestada e nutrida. Mas é preciso e urgente, também e, sobretudo, descentrar a comunidade dela mesma na direção das "periferias sociais e existenciais" do nosso mundo, sair das sacristias e dos templos; o mundo sofredor (os calvários) é o lugar natural da Igreja e de sua missão. E essa missão é tarefa de toda a comunidade eclesial (*EG* 111-134).

Frente a tendências subjetivistas e individualistas da fé (eu e *meu* deus), há que se insistir na dimensão comunitária da fé e na importância da comunidade na vivência da fé (crer como Igreja e em Igreja). E frente a tendências devocionais e eclesiocêntricas da fé (devoção, culto, doutrina, estatísticas), há que se insistir na dimensão missionária da fé, dinamizada pela caridade: fé que atua pela caridade (compaixão, misericórdia, justiça). Tudo isso implica, na prática, em priorizar o fortalecimento e a criação de comunidades e em dinamizar a vida dessas comunidades a partir e em função dos problemas e das necessidades da humanidade sofredora (cf. *EG* 36-37, 78).

Em segundo lugar, a *conversão pastoral*: estruturas, costumes, linguagens (*EG* 25, 27, 33, 43). "Sonho com uma opção missionária capaz de transformar tudo, para que os costumes, os estilos, os horários, a linguagem e toda a estrutura eclesial se tornem um canal proporcionado mais à evangelização do mundo atual que a autopreservação" (*EG* 27). Há uma quantidade de formulações doutrinais, de costumes, de normas ou preceitos que, por mais legítimos que sejam e por mais importantes que tenham sido em determinados momentos e contextos da vida da Igreja, nem fazem parte da "substancia" da fé (*EG* 41), nem são mais interpretados da mesma maneira que no passado, nem "prestam [mais] o mesmo serviço à transmissão da fé" – "já não têm a mesma força educativa como canais de vida" (*EG* 43). Sem falar de certos costumes e práticas pastorais locais... "Não tenhamos medo de revê-los" (*EG* 43). Absoluto, só Deus! Não nos conformemos com "uma pastoral de mera conservação" (*EG* 15)...

Aqui não há receita nem lugar para uniformidade. Depende muito do contexto, da situação, dos desafios, dos limites e das possibilidades de atuação. É preciso muita ousadia e criatividade (*EG* 33). Em todo caso, insiste Francisco, "mais que o medo de falhar, espero que nos mova o medo de nos encerrarmos nas estruturas que nos dão uma falsa proteção, nas normas que nos transformam em juízes implacáveis, nos hábitos em que nos sentimos tranquilos, enquanto lá fora há uma multidão faminta e Jesus repete-nos sem cessar: 'Dai-lhes vós mesmos de comer' [Mc 6,37]" (*EG* 49).

Em terceiro lugar, a *descentralização da Igreja*, mediante estruturas que possibilitem e favoreçam a comunhão e a participação de todos[17]: "Sinto a necessidade de proceder a uma salutar 'descentralização'" (*EG* 16). E o próprio Francisco indica uma série de mecanismos que devem ser dinamizados e aperfeiçoados em vista de uma maior participação e corresponsabilidade na vida da Igreja. Trata-se de "estimular e procurar o amadurecimento dos organismos de participação propostos pelo Código de Direito Canônico e de outras formas de diálogo pastoral" (*EG* 31). Dentre estes organismos e mecanismo de participação, merecem destaque: 1) os conselhos de pastoral e de assuntos econômicos como "espaços reais para a participação laical na consulta, organização e planejamento pastoral"[18], 2) o fortalecimento das Conferências Episcopais como expressão e mediação privilegiadas da colegia-

---

[17] "Apesar das resistências, a reforma do papado e a reforma da cúria são tarefas relativamente fáceis para Francisco. A tarefa realmente difícil e quase hercúlea é a reorganização da Igreja globalmente como instituição. Ou seja, abandonar a Igreja monárquico-imperial para passar a uma Igreja comunitária, colegial e corresponsável. Voltar à Igreja do Concílio" (VIDAL, José Manuel – BASTANTE, Jesús. *Op. cit.*, 104s).

[18] PAPA FRANCISCO. "Encontro com a comissão de coordenação do CELAM no Centro de Estudos do Sumaré". In: Palavras do Papa Francisco no Brasil. São Paulo: Paulinas, 2013, 131-147, aqui 136.

lidade episcopal – "sujeitos de atribuições concretas, incluindo alguma autêntica autoridade doutrinal" (*EG* 32)[19], 3) a reforma da Cúria romana e seus dicastérios como "mecanismo de ajuda" às Igrejas particulares e às Conferências episcopais – "mediadores, nem intermediários nem gestores"[20], e 4) a "conversão do papado" numa direção mais colegial, a partir das conferências episcopais (*EG* 16, 32).

De fato, "uma centralização excessiva, em vez de ajudar, complica a vida da Igreja e sua dinâmica missionária" (*EG* 32). E acaba comprometendo sua própria identidade que, antes de tudo e acima de tudo, é comunidade, comunhão de irmãos. Daqui brota a necessidade e urgência de cultivarmos e promovermos, com base na igualdade fundamental batismal-crismal-eucarística de todo povo de Deus, a comunhão, a participação e a corresponsa-

---

[19] A propósito da Exortação pós-sinodal sobre a evangelização: "Penso, aliás, que não se deve esperar do magistério papal uma palavra definitiva ou completa sobre todas as questões que dizem respeito à Igreja e ao mundo. Não convém que o papa substitua os episcopados locais no discernimento de todas as problemáticas que sobressaem nos seus territórios. Neste sentido sinto a necessidade de proceder a uma salutar 'descentralização'" (*AE*, 16). A propósito da renovação eclesial: "O Concílio Vaticano II afirmou que, à semelhança das antigas Igrejas patriarcais, as conferências episcopais podem 'aportar uma contribuição múltipla e fecunda, para que o sentimento colegial leve a aplicações concretas'. Mas este desejo não se realizou plenamente, porque ainda não foi suficientemente explicitado um estatuto das conferências episcopais que as considere como sujeitos de atribuições concretas, incluindo alguma autêntica autoridade doutrinal. Uma centralização excessiva, em vez de ajudar, complica a vida da Igreja e a sua dimensão missionária" (*AE*, 32). Diferentemente da posição do Cardeal Ratzinger, quando prefeito da Congregação para a Doutrina da Fé, para quem "as conferência episcopais não possuem uma base teológica, não fazem parte da estrutura indispensável da Igreja, assim como querida por Cristo: têm somente uma função prática, concreta"; "nenhuma Conferência Episcopal tem, enquanto tal, uma missão de ensino: seus documentos não têm valor específico, mas o valor do consenso que lhes é atribuído pelos bispos individualmente" (RATZINGER, J. – MESSORI, V. *A fé em crise?* O Cardeal Ratzinger se interroga. São Paulo: EPU, 1985, 40s).

[20] "Os dicastérios romanos estão a serviço do Papa e dos bispos: devem ajudar tanto as Igrejas particulares como as Conferências episcopais. São mecanismos de ajuda. Em alguns casos, quando não são bem entendidos, correm os riscos, pelo contrário, de se tornarem organismos de censura. É impressionante ver as denúncias que chegam a Roma. Creio que os casos devem ser estudados pelas Conferências Episcopais locais, às quais pode chegar uma válida ajuda de Roma. De fato, tratam-se melhor os casos no local. Os dicastérios romanos são mediadores, nem intermediários nem gestores" (Entrevista exclusiva do papa Francisco ao Pe. Antônio Spadaro. São Paulo: Paulus/Loyola, 2013, 23s).

bilidade eclesial de todos, sem que isso comprometa ou negue os muitos carismas e ministérios que são sempre carismas e ministérios da Igreja e a serviço de sua missão evangelizadora. Urge, portanto, potencializar e/ou criar e dinamizar as assembleias e conselhos pastorais nas várias instâncias eclesiais e as conferências e sínodos episcopais, como instâncias reais de participação eclesial e não como meras estruturas formais e burocráticas.

3.2. Desafios e tarefas teológicas

Sem dúvida, os desafios pastorais são também desafios teológicos: devem ser pensados teologicamente e a teologia deve estar sempre, direta ou indiretamente, a serviço da pastoral. Mas há alguns desafios que dizem respeito mais especificamente ao fazer teórico-teológico enquanto tal que, se não forem compreendidos e assumidos de modo consciente e consequente, acabam comprometendo o caráter e a função pastoral-eclesial da teologia e transformando ou reduzindo a teologia a mera erudição ou especulação abstrata estéril e inoperante.

Em carta enviada ao cardeal-arcebispo de Buenos Aires, Mario Poli, no dia 3 de março de 2015, por ocasião dos 100 anos da Faculdade de Teologia na Universidade Católica Argentina, Francisco indica, de modo claro e direto, alguns desafios que dizem respeito à teologia, ao fazer teológico e aos teólogos[21]. Certamente, ele não entra, aqui, em questões de ordem estritamente técnico-metodológicas do fazer teológico, nem muito menos na problematização, explicitação e formulação de seus pressupos-

[21]Texto disponível em: http://w2.vatican.va/content/francesco/pt/letters/2015/documents/papa-francesco_20150303_lettera-universita-cattolica-argentina.html.

tos epistemológicos. Não é sua tarefa nem sua competência. Mas toca, com linguagem pastoral, em questões que são cruciais para a teologia e para o quefazer teológico.

Começa falando do Concílio Vaticano II que "foi uma atualização, uma releitura do Evangelho na perspectiva da cultura contemporânea", que "produziu um movimento irreversível de renovação que provém do Evangelho" e que "é preciso ir em frente".

E, neste contexto, passa a falar da teologia – de seu ensino e de seu estudo, de seu lugar e de sua função – e do teólogo:

– "Ensinar e estudar teologia significa viver numa fronteira na qual o Evangelho se encontra com as necessidades das pessoas [...] Devemos evitar uma teologia que se esgota na disputa acadêmica ou que olha para a humanidade [a partir] de um castelo de vidro". A teologia deve estar "radicada e fundada na Revelação, na Tradição", mas deve "também" acompanhar "os processos culturais e sociais, em particular as transições difíceis" e os "conflitos": "não só os que experimentamos na Igreja, mas também os relativos ao mundo e que são vividos nas ruas da América Latina". E exorta: "Não vos contenteis com uma teologia de escritório. O vosso lugar de reflexão sejam as fronteiras. E não cedeis à tentação de as ornamentar, perfumar, consertar nem domesticar. Até os bons teólogos, como os bons pastores, têm o odor do povo e da rua e, com sua reflexão, derramam azeite e vinho sobre as feridas dos homens";

– "A teologia seja expressão de uma Igreja que é 'hospital de campo', que vive sua missão de salvação e cura do mundo. A misericórdia não é só uma atitude pastoral, mas a própria substancia do Evangelho de Jesus. Encorajo-vos a estudar como refletir nas várias disciplinas – dogmática, moral, espiritualidade, direito etc. – a centralidade da misericórdia. Sem misericórdia, a nossa teologia, o nosso direito e a nossa pastoral correm o risco de desmoronar na mesquinhez burocrática ou na ideologia que por sua natureza quer domesticar o mistério"; – O estudante de teologia não deve ser "um teólogo de 'museu' que acumula dados e informações sobre a revelação sem, contudo, saber verdadeiramente o que fazer deles nem um 'balconero' da história"; deve ser "uma pessoa capaz de construir humanidade ao seu redor, de transmitir a divina verdade cristã em dimensão deveras humana, e não um intelectual sem talento, um eticista sem bondade nem um burocrata do sagrado".

São questões que dizem respeito ao lugar (fronteiras/periferias), ao conteúdo (misericórdia) e à função (salvação do mundo) da teologia, bem como à identidade do teólogo (inserido na história, acompanhando o povo e seus processos, com cheiro do povo e de rua, cuidando das feridas etc.) e, enquanto tais, questões fundamentais e decisivas para a teologia, para o fazer teológico e para a comunidade teológica.

Também em sua Carta Encíclica *Laudato si* sobre *O cuidado com a casa comum*, no início do primeiro capítulo que trata do que está acontecendo com a nossa casa, Francisco adverte que "as reflexões teológicas ou filosóficas sobre a situação da humanidade e do mundo podem soar como uma mensagem repetida e vazia, se não forem apresentadas novamente a partir de um confronto com o contexto atual no que este tem de inédito para a história da humanidade". Por isso, afirma, "antes de reconhecer como a fé traz novas motivações e exigências perante o mundo de que fazemos parte, proponho que nos detenhamos brevemente a considerar o que está acontecendo com a nossa casa comum" (*LS* 17). É que a teologia não é apenas uma *teoria da fé* mais ou menos correta e adequada a ser decorada e repetida a modo de catecismo, mas também e sempre um *serviço à fé*, uma convicção que orienta e motiva a ação dos cristãos no mundo, sendo sempre de novo confrontada e reelaborada nos contextos e nas circunstâncias em que a fé é vivida.

Levar a sério esses desafios e essas tarefas teológico-pastorais, assumindo-os e encarregando-se deles, é condição e mediação necessárias para que o movimento de renovação ou reforma eclesial, desencadeado por Francisco, possa se consolidar e produzir frutos. Como insistimos ao longo desta reflexão, não se sabe nem se pode prever até onde vai esse movimento. Depende muito do poder de convencimento, mobilização e articulação de Francisco. Mas depende também de nós. Não desperdicemos este tempo de graça que o Senhor nos concede. Abrindo-nos à ação do Espírito e deixando-nos conduzir e dinamizar por Ele, em comunhão com Francisco (de Assis e de Roma), façamos tudo que estiver ao nosso alcance para que nossas comunidades se tornem cada vez mais "Igreja em saída" para as "periferias do mundo". E, assim, sejam sempre mais sinal e mediação do reinado de fraternidade, de justiça e de paz inaugurado por Jesus de Nazaré.

II

"RECUPERAR O FRESCOR ORIGINAL DO EVANGELHO"[1]

Muitos membros e lideranças da Igreja padecem hoje de uma espécie de "depressão eclesial", que se manifesta em sentimentos e expressões de desconforto, desânimo, cansaço, desinteresse, indiferença, apatia, pessimismo, amargura, azedume, grosseria e até agressividade na vivência eclesial e na ação pastoral-evangelizadora. É como se não se realizasse na Igreja e como se a Igreja fosse um fardo que tem que carregar, ou por costume ou porque (ainda) não encontrou coisa mais interessante e mais prazerosa para fazer (cf. *EG* 81-86). Isso que marca a vida de muitos membros da Igreja e explica em boa medida o "trânsito religioso" em nosso país é particularmente forte nas lideranças eclesiais (animadores/as de comunidade/pastoral/movimento; religiosos/as, ministros ordenados), embora o afastamento da Igreja, aqui, seja mais difícil tanto pelo peso institucional (função pública), quanto pela comodidade e segurança que a instituição oferece (no caso de religiosos/as e ministros ordenados).

---

[1] Publicado na Revista *Convergência* 512 (2018) p. 37-44.

Essa situação de "depressão eclesial" vai desenvolvendo uma "psicologia do túmulo" (*EG* 83) e criando a "sensação de derrota que nos transforma em pessimistas lamurientos e mal-humorados desencantados" (*EG* 85) que, aos poucos, vai corroendo a Igreja por dentro, consumindo seu vigor missionário, enfraquecendo seu poder de atração e de transformação da vida das pessoas e da sociedade. Vai transformando a Igreja em "árvore" que não dá frutos, "fermento" que não fermenta, "sal" que não salga, "luz" que não ilumina... E não adianta aqui entrar na onda do mercado e do consumo religiosos (show, terapia, intimismo etc.)...

Se quiser recuperar seu vigor e seu frescor originais, a Igreja tem que voltar às fontes: o encontro pessoal (não individualista ou intimista) com Jesus Cristo e a acolhida do Evangelho do reinado de Deus que nos faz viver como irmãos (fraternidade) e nos compromete com os pobres, marginalizados e sofredores (misericórdia). Só essa volta a Jesus Cristo e ao Evangelho do Reino pode renovar a Igreja por dentro e recuperar seu poder de atração e transformação das pessoas e da sociedade. Essa renovação evangélica da Igreja implica numa verdadeira "conversão pastoral" que ponha no centro da fé e da ação pastoral-evangelizadora não práticas religiosas (culto, doutrina, devoções etc.) e interesses institucionais (crescimento, projeção, poder social, dízimo etc.), mas a vivência pessoal e social do Evangelho (fraternidade, perdão, solidariedade, respeito, poder-serviço, misericórdia, justiça etc.).

E essa é a grande provocação que o papa Francisco tem feito à Igreja: "Voltar à fonte e recuperar o frescor original do Evangelho" (*EG* 11). Isso produz a alegria (*alegria do Evangelho, alegria do amor, alegria da verdade* etc.) que transforma a vida das pessoas e fermenta a sociedade com um dinamismo/espírito de fraternidade, justiça e paz. Isso revigora o dinamismo missionário da Igreja que se sente impulsionada a anunciar e propor essa experiência a outras pessoas, "não como quem impõe uma nova obrigação, mas como quem partilha uma alegria, indica um horizonte estupendo, oferece um banquete apetecível" (*EG* 14). Isso confere autoridade à Igreja e recupera sua credibilidade na sociedade e seu poder de atração das pessoas.

Em sintonia com as provocações de Francisco, queremos indicar alguns sinais de desvio de rota na Igreja, que acaba produzindo o que chamamos de "depressão eclesial", e insistir com ele na necessidade e urgência de uma conversão eclesial enquanto retomada do caminho de Jesus e volta ao Evangelho do reinado de Deus.

1. Desvio de rota

A fé tem uma dimensão comunitária fundamental. A comunhão com Deus que se concretiza na fraternidade com os irmãos e no cuidado e compromisso com os pobres, marginalizados e sofredores nos reúne e nos constitui como Igreja: "povo de Deus", "corpo de Cristo", "templo do Espírito". Essa comunhão eclesial vai criando e instituindo práticas e modos de vida, ritos e doutrinas, serviços ou ministérios etc. que constituem e identificam a Igreja (como corpo social) e, ao mesmo tempo, dinamizam e regulam a vivência da fé na comunidade eclesial e na sociedade (identidade própria).

Esse processo de institucionalização da fé (em práticas e modos de vida, em expressões rituais e doutrinais, em serviços ou ministérios etc.) é constitutivo da Igreja e vital para o dinamismo e propagação da própria fé. Sem ele não há Igreja como "corpo social" com "identidade própria". Como qualquer grupo social ou qualquer sociedade, a Igreja tem uma dimensão institucional fundamental que a constitui como corpo, que a identifica, que a dinamiza e que lhe dá consistência histórica. Negar essa dimensão institucional da fé é negar sua dimensão eclesial e reduzi-la a idealismos ou abstrações subjetivistas sem consistência histórica. Mas não se trata de uma institucionalização qualquer e que valha por si mesma ou que seja fim em si mesma. Se falamos de fé cristã, a referência e o critério primeiros e últimos é Jesus de Nazaré, a quem confessamos como Cristo. Ele é o "autor e consumador da fé" (Hb 12,2). A fé cristã é participação na fé de Jesus, isto é, relação filial com um Deus que é Pai e vivência/testemunho de seu reinado de fraternidade, justiça e paz que tem nos pobres e marginalizados sua medida e seu critério escatológicos (cf. Lc 10,25-37; Mt 25,31-46). São dois aspectos fundamentais da fé cristã que se implicam e se remetem um ao outro: Deus Pai e seu reinado de fraternidade, justiça e paz. A entrega a esse Deus (filiação) se concretiza e se expressa na realização de sua vontade (fraternidade/misericórdia): é pelo fruto que se conhece a árvore (cf. Mt 12,33; Lc 6,44; Jo 15,4).

A institucionalização a que nos referimos diz respeito, portanto, à vivência e ao dinamismo da fé cristã, enquanto entrega a Deus (Pai) na realização de sua vontade (reinado). São as formas concretas (práticas, costumes, ritos, doutrinas, ministérios etc.), por meio das quais a fé vai sendo vivida e transmitida na e pela comunidade eclesial. O problema é quando a fé é identificada com e reduzida a essas formas concretas, relativizando ou mesmo prescindindo da experiência pessoal e social da fé. Nesse caso, alguém se consideraria e seria considerado cristão pelo simples fato de observar certas normas e preceitos, de praticar certos ritos religiosos, de confessar certas doutrinas etc., independentemente de viver ou não como Jesus viveu. A experiência pessoal e social da fé (vivência da fé) seria substituída, aqui, por um conjunto de práticas religiosas externas (expressão da fé) que se realiza por costume ou conveniência psicológica ou social, mas estéreis, isto, sem vitalidade, sem capacidade de gerar vida nova...

É o risco e a tentação de toda tradição religiosa e, sobretudo, de suas lideranças: centrar-se de tal modo na observância dos aspectos institucionais do grupo que termina relativizando e mesmo prescindindo da experiência religiosa fundamental que pretende expressar e mediatizar. Jesus se confrontou com esse problema no judaísmo de sua época e nós nos confrontamos hoje com esse mesmo problema na Igreja. Não se trata de oposição ou negação da institucionalidade da fé em costumes, práticas, ritos, doutrinas, ministérios etc., mas da redução e subordinação da fé a essas expressões como se elas valessem por si mesmas e até prescindissem da experiência pessoal e social da fé. Quando isso acontece, há um desvio de rota: o que deveria favorecer e conduzir à vivência da fé, termina substituindo a fé e se tornando fim em si mesmo.

Chama atenção o fato de um país como o Brasil, que se diz cristão, conserva tantas datas e símbolos cristãos e sempre foi governado por pessoas que se dizem cristãs, ter tanta desigualdade social (os 5% mais ricos detêm a mesma renda que 95% da população; apenas 6 brasileiros concentram a mesma riqueza que metade da população), tanta corrupção legal ou ilegal (nos grandes e nos pequenos, nas elites políticas, mas, sobretudo, nas elites econômicas), tanto preconceito e discriminação contra negros, indígenas, mulheres, pessoas LGBTs, idosos, encarcerados, pessoas com deficiências etc.; tanta intolerância religiosa e política. É uma sociedade que conserva muitas expressões externas da fé (símbolos, ritos, doutrinas etc.), mas que nega o Evangelho do Reino em suas estruturas e em seus dinamismos econômicos, sociais, políticos, culturais e mesmo religiosos... Uma sociedade hipócrita, diria Jesus...

E chama mais atenção ainda o fato da Igreja – sobretudo suas lideranças – conservar e transmitir com tanto zelo (até excessivo, quase absolutizando) as expressões da fé (ritos, doutrinas, normas, ministérios etc.), mas ter tanta dificuldade de viver a fraternidade, o perdão, a partilha, o cuidado dos pobres e marginalizados, o poder como serviço, a profecia etc. Embora com dificuldades, todas as comunidades cuidam da liturgia e da catequese; mas para o cuidado dos pobres, sobretudo a defesa e a luta por seus direitos, quase não há pessoas disponíveis e nunca há recurso (o dízimo nunca alcança os pobres!). O que era central na vida de Jesus, tornou-se secundário na vida de nossas comunidades. E não há nenhum escrúpulo com isso...

Falando da "situação das famílias caídas na miséria, penalizadas de tantas maneiras", o papa Francisco chega a dizer na Encíclica *Amoris Laetitia* que "em vez de oferecer a força sanadora da graça e da luz do Evangelho, alguns querem 'doutrinar' o Evangelho, transformá--lo em 'pedras mortas para as jogar contra os outros'" (*AL* 49).

Não é por acaso que normalmente se mede a fé ou espiritualidade de alguém ou de uma comunidade pela quantidade e intensidade de suas práticas religiosas. Na vida religiosa e nos seminários, por exemplo, quando se fala de dimensão espiritual, pensa-se logo ou até exclusivamente no cultivo de práticas religiosas: oração pessoal e comunitária, devoção, eucaristia diária, retiros etc. Não é a vivência pessoal e social do Evangelho que conta em última instância, mas a observância de práticas religiosas. Essa substituição da *vivência da fé* pelas *expressões da fé*, que é um desvio de rota, é o que torna um crente ou uma comunidade hipócrita e estéril e provoca o que chamamos no início do texto de "depressão eclesial". E, aqui, só há uma saída: retomar o caminho de Jesus e "recuperar o frescor original do Evangelho" (*EG* 11).

2. Retomando o caminho

Jesus não propõe mais uma doutrina ou um conjunto de práticas religiosas. Ele propõe um *modo de vida* dinamizado na força e no poder do Espírito. Esse modo de vida se concretiza na *relação filial com Deus* (Pai) e na *relação fraterna com os outros, sobretudo com os pobres e marginalizados* (reinado de Deus). Certamente, esse modo de vida se expressa e se traduz em *ritos* (oração pessoal e comunitária, sacramentos etc.), *doutrinas* (Deus como Pai de bondade e misericórdia, amor a Deus e aos irmãos como mandamento maior, poder como serviço etc.), *normas* (misericórdia como norma suprema, perdão aos inimigos, subordinação do sábado e dos ritos de pureza à prática da misericórdia etc.) e vai suscitando carismas e ministérios importantes e necessários para seu dinamismo e propagação (anuncio do Evangelho, diaconia aos pobres, culto, presidência da comunidade etc.). Mas tudo isso como expressão e mediação desse modo de vida e sempre subordinado e a serviço dele: ritos, doutrinas, normas e ministérios *da fé* que é fundamentalmente *um modo de vida*.

Não por acaso, quando Paulo fala de *vida em Cristo* ou *vida no Espírito* ou *vida cristã* ou dos *frutos do Espírito* (cf. Rm 8,1-17; 12,1-21; 14,17; 2Cor 5,17-21; Gl 5,6,13-26; Ef 4,17-32; Fl 4,1-9; Cl 3,12-17; 1Ts 4,1-12) fala fundamentalmente de ação, de relação, de valores, de sentimentos etc. E não por acaso, uma das formas mais antigas de se referir à comunidade cristã era o "Caminho" (cf. At 9,2; 19,9,23; 22,4). Os cristãos eram os que faziam parte do "Caminho". E esse "Caminho" tem a ver com Jesus de Nazaré. Ele é o "o caminho, a verdade e vida" (Jo 14,6).

Ser cristão, portanto, é entrar no Caminho, é configurar a vida a Jesus e viver como Jesus viveu: *sentimentos* (cf. Fl 2,5; Mt 9,36; 14,14); *mentalidade* (cf. Ef 4,23; Rm 12,2; Lc 6,1-11), *ação* (cf. Lc 10,25-37; Mt 25,31-46; Jo 13,13-17,34-35; 1Jo 2,6). Isso nos transforma e nos renova como pessoa (cf. Ef 4,24; Jo 2,1-21). Isso nos identifica como cristãos (cf. Jo 13,34s), "corpo de Cristo" (Rm 12,4s; 1Cor 10,17; 12,12.27; Gl 3,28). Isso nos torna "aroma de Cristo" no mundo (2Cor 2,15) e faz de nós "fermento", "sal" e "luz" de seu reinado de fraternidade, justiça e paz.

Esse modo de vida é o grande tesouro ou a grande herança que Jesus nos deixou e é o que temos a oferecer ao mundo. É o "depósito" que ele confiou a nós por meio dos apóstolos e que temos que conservar e transmitir fiel e criativamente de geração em geração (cf. 1Tm 6,20; 2Tm 1,14; 2,1). A vivência e transmissão desse modo de vida que se materializa em "doutrina, vida e culto" (*DV* 8) é o que constitui a Tradição cristã no sentido mais genuíno e profundo da palavra. E toda renovação da Igreja é sempre uma volta ou uma retomada desse caminho ou modo de vida que Jesus nos deixou, ou melhor, é um abrir-se à ação do Espírito que nos põe e nos conduz nos passos de Jesus na relação filial com Deus, na fraternidade com os irmãos e no compromisso com os pobres e marginalizados.

Voltar (conversão) a esse caminho nos renova como pessoa e como comunidade, cura nossa "depressão eclesial", revigora nossa ação pastoral/evangelizadora e devolve autoridade e credibilidade à Igreja perante a humanidade sofredora que, de novo, encontrará nela compaixão, misericórdia e solidariedade.

A volta/conversão a Jesus e seu Evangelho diz respeito tanto à vida pessoal e social dos crentes, quanto à vida interna da comunidade eclesial e sua ação pastoral/evangelizadora na sociedade. Aderir a Jesus e a seu evangelho significa configurar a vida a ele de tal modo que por meio de nossa vida ele possa se fazer presente e agir no mundo. É o que suplicamos na celebração da eucaristia: "fazei de nós um só corpo e um só espírito"...

Isso se concretiza ou se materializa em *nossa vida cotidiana*: na forma como nos relacionamos uns com os outros; nas relações que cultivamos (gratuidade ou interesses, pobres ou ricos/influentes etc.); nos sentimentos que nutrimos; nos valores que cultivamos; na mentalidade ou forma de pensar que vamos desenvolvendo; na relação com as pessoas que não nos agradam ou que nos ofendem ou que nos ameaçam; no exercício do poder; em nossa profissão, sobretudo quando assumimos funções de direção; no modo como tratamos as pessoas que são marginalizadas em nossa sociedade (mulheres, negros, indígenas, LGBTs, idosos, encarcerados, doentes, pessoas com deficiência ou com dependência química, pessoas que sobrevivem da prostituição etc.) e que reagimos aos preconceitos e agressões contra elas, bem como às lutas em defesa de seus direitos; nos posicionamentos que tomamos em questões polêmicas na sociedade; em nossas opções político--partidárias (e sempre temos alguma...) etc.

Isso se concretiza ou se materializa no *dia a dia de nossa comunidade eclesial*: nas relações que estabelecemos uns com os outros; no exercício do poder (ministros ordenados e lideranças comunitárias e pastorais); em nossas preocupações e prioridades pastorais (interesses institucionais ou sofrimentos e necessidades do povo); nos carismas e ministérios que cultivamos e instituímos na comunidade; no destino e uso dos recursos financeiros; nas relações com as pessoas e os grupos de poder econômico, social e político dentro da comunidade e na sociedade; na forma como tratamos as pessoas que não se enquadram nas normas e regras morais e jurídicas da Igreja; no modo como tratamos os membros de outras igrejas cristãs e de outras religiões, bem como essas igrejas e religiões; na posição que tomamos diante dos problemas e dos conflitos sociais, políticos e econômicos que acontecem na sociedade (e sempre tomamos posição: "não tomar posição" é favorecer o mais forte) etc.

Isso se concretiza e se materializa na *ação pastoral-evangelizadora da Igreja*: em nossas prioridades e opções (atividades religiosas e crescimento institucional ou as necessidades e os gritos dos pobres, marginalizados e sofredores; centro ou periferia); em nosso dinamismo pastoral (devocional/sacramental ou seguimento; intimismo religioso ou vivência comunitária da fé); na forma como tratamos e nos relacionamos com outras igrejas e religiões;

em nossas reações e posições diante de situações de injustiça e preconceito contra camponeses, indígenas, trabalhadores, mulheres, negros, idosos, encarcerados, pessoas LGBT, pessoas com deficiência, vítimas do tráfico etc.; em nossas reações e posições frente às mais diversas organizações e lutas por direitos e justiça social; em nossas relações com os grupos de poder na sociedade.

O grande desafio que se nos impõe é renovar a Igreja no dinamismo do Evangelho de Jesus Cristo que, na força e no poder do Espírito, faz de nós pessoas novas e por meio de nós vai renovando o mundo e instaurando o reinado de Deus, que se concretiza na fraternidade, no perdão, na justiça e na paz. No centro de tudo está o amor e a misericórdia de Deus, que nos faz viver na relação filial com ele e na fraternidade com os irmãos, sobretudo com os pobres, marginalizados e sofredores.

Que o Espírito do Senhor nos reconduza ao "Caminho" que é Jesus e seu Evangelho do reinado de Deus. Que Ele nos mantenha unidos a Jesus e nos faça, com ele e como ele, passar a vida "fazendo o bem" (At 10,38) e exalando o "aroma" (2Cor 2,15) da fraternidade, da misericórdia, da justiça e da paz. Os pobres, marginalizados e sofredores são, n'Ele, testemunhas e juízes de nossas vidas, de nossas comunidades e de nossa ação pastoral--evangelizadora (cf. Lc 10,25-37; Mt 25,31-46).

III

50 ANOS DE MEDELLÍN – 5 ANOS DE FRANCISCO
Perspectivas teológico-pastorais[1]

Foi uma feliz coincidência poder celebrar em 2018 os 50 anos da Conferência de Medellín e os 5 anos de ministério pastoral de Francisco como bispo de Roma. Essa coincidência cronológica adquire particular relevância pela sintonia teológico-pastoral entre ambos e pelo caráter de recepção/atualização da tradição Vaticano II – Medellín que caracteriza o ministério pastoral de Francisco e permite compreender melhor a atuação de Francisco e a atualidade de Medellín.

Certamente, pode-se falar muitas coisas sobre Medellín e sobre Francisco, bem como sobre a relação entre ambos e com o conjunto da Igreja. E tudo isso vai depender muito da perspectiva de quem fala. Nossa reflexão se situa no movimento de renovação eclesial, que se desenvolveu na América Latina, a partir do Concílio Vaticano II, e sua recepção na Conferência de Medellín, e que se convencionou chamar Igreja da libertação ou Igreja dos pobres. Deste lugar eclesial, destacaremos a importância de Medellín e de Francisco para a Igreja e para a sociedade, retomaremos

---
[1] Publicado na Revista *Perspectiva Teológica* 50 (2018), p. 41-51.

em linhas gerais sua perspectiva teológico-pastoral fundamental e indicaremos alguns dos principais desafios com os quais a Igreja é confrontada e desafiada hoje em sua ação evangelizadora.

1. Importância de Medellín e de Francisco na Igreja e na sociedade

Alguém poderia dizer que Medellín é apenas uma das cinco conferências do CELAM e que Francisco é apenas mais um dos bispos de Roma. Têm sua importância como as demais conferências e os demais bispos de Roma, mas nada de extraordinário. Mas esse tipo de análise, abstrata e superficial, que mal consegue ofuscar seus interesses ideológicos, não capta a especificidade, a densidade e a relevância dos acontecimentos históricos, nem do ponto de vista social nem do ponto de vista teológico-pastoral. Nem todo acontecimento tem a mesma importância histórica, no sentido de intervir ou mesmo alterar o dinamismo eclesial e/ou social em curso. Aliás, a tendência normal, sobretudo por parte das instituições e de suas instâncias de governo, é manter, com pequenos ajustes, o *status quo*. Raramente acontece algo que impacta de tal modo o ritmo da vida a ponto de marcar um antes e um depois. E isso que vale para o conjunto da sociedade, vale de modo particular para a Igreja. Mas a história é farta de acontecimentos que impactaram de tal modo a Igreja e a sociedade, alterando ritmos e rumos e desencadeando processos, que não podem ser tomados simplesmente como mais um entre tantos. Seja do ponto de vista social (revolução tecnológica, guerra, forma de poder e de governo, ideologia etc.), seja do ponto de vista teológico (Êxodo, Jesus Cristo, comunidades cristãs, movimentos de renovação eclesial etc.).

a) Concílio Vaticano II

O *Concílio Vaticano II*[2] é, sem dúvida, um desses acontecimentos que marcaram um antes e um depois na vida da Igreja. É um acontecimento eclesial e, enquanto tal, só pode ser compreendido dentro da tradição eclesial. Neste sentido, não se pode falar de radical ruptura ou descontinuidade. Mas é um acontecimento que provoca rupturas e desencadeia novos processos e, assim, marca uma nova etapa na vida da Igreja. Neste sentido, não pode ser tomado como absoluta continuidade como se tudo continuasse como antes ou como se não tivesse acontecido nada de novo.

Certamente, pode-se enfatizar mais os aspectos de continuidade ou de ruptura (conflito de interpretação), pode-se tomá-lo como "ponto de chegada" ou como novo "ponto de partida" e pode-se frear ou alargar seus horizontes e seus processos de renovação (dinamismo teológico-pastoral). Mas não há como negar sua novidade e sua importância decisiva na vida da Igreja. João Paulo II, por exemplo, fala do Concílio Vaticano II como um "acontecimento providencial", reconhece que ele marca "uma nova etapa na vida da Igreja"[3] e afirma que "nele se encontra uma bússola

---

[2] Cf. ALBERIGO, Giuseppe. *Breve história do Concílio Vaticano II*. Aparecida: Santuário, 2006; LORSCHEIDER, Aloísio et al. *Vaticano II*: 40 anos depois. São Paulo: Paulus, 2005; BRIGHENTI, Agenor – ARROYO, Francisco Merlos (orgs.). *O Concílio Vaticano II*: Batalha perdida ou esperança renovada? São Paulo: Paulinas, 2015; FEDERAÇÃO INTERNACIONAL DAS UNIVERSIDADES CATÓLICAS (org.). *50 anos após o Concílio Vaticano II*: Teólogos do mundo inteiro deliberam. São Paulo: Paulinas, 2017.

[3] JOÃO PAULO II. *Carta Apostólica Tercio Millennio Adveniente*: Sobre a preparação para o ano 2000. São Paulo: Paulinas, 1994, n. 18.

segura para nos orientar no caminho do século que começa"[4]. E Francisco fala do Concílio Vaticano II como "uma atualização, uma releitura do Evangelho na perspectiva da cultura contemporânea", diz que ele "produziu um movimento irreversível de renovação que provém do Evangelho" e que "agora é preciso ir em frente"[5].

b) Conferência de Medellín

Algo semelhante se pode dizer da conferência de *Medellín*[6]. Ela marca uma nova etapa na Igreja latino-americana e até mesmo no conjunto da Igreja. Segundo Clodovis Boff, o "fruto maior" de Medellín "foi ter dado à luz a Igreja latino-americana como *latino-americana*". Seus documentos "representam o 'ato de fundação' da Igreja da América Latina a partir e em função de seus povos e de suas culturas". Eles "constituem a 'carta magna' da Igreja do Continente"[7]. Nas palavras de Carlos Palácio, "Medellín foi a transposição da perspectiva do Concílio e de suas intuições ao contexto específico do continente latino-americano.

---

[4] JOÃO PAULO II. *Carta Apostólica Novo Millennio Ineunte*. São Paulo: Paulinas, 2001, n. 57.
[5] FRANCISCO. *Carta por ocasião do centenário da Faculdade de Teologia da Pontifícia Universidade Católica Argentina*. Disponível em: https://w2.vatican.va/content/francesco/pt/letters/2015/documents/papa-francesco_20150303_lettera-universita-cattolica-argentina.html
[6] Cf. BEOZZO, José Oscar. *A Igreja do Brasil de João XXIII a João Paulo II: De Medellín a Santo Domingo*. Petrópolis: Vozes, 1994; BOFF, Clodovis. "A originalidade histórica de Medellín". *Convergência* 317 (1998) p. 568-576; CALIMAN, Cleto. "A trinta anos de Medellín: uma nova consciência eclesial na América Latina". *Perspectiva Teológica* 31 (1999) p. 163-180; SOUSA, Luis Alberto Gomes de. "A caminhada de Medellín a Puebla". *Perspectiva Teológica* 31 (1999) p. 223-234; TEPEDINO, Ana Maria. "De Medellín a Aparecida: marcos, trajetórias, perspectivas da Igreja Latino-americana". *Atualidade Teológica* 36 (2010) 376-394; GODOY, Manuel – AQUINO JÚNIOR, Francisco de. *50 anos de Medellín*: Revisitando os textos, retomando o caminho. São Paulo: Paulinas, 2017.
[7] BOFF, Clodovis. "A originalidade histórica de Medellín". *Convergência* 317 (1998) p. 568-576, aqui p. 568.

Sem o Concílio, não teria existido Medellín, mas Medellín não teria sido Medellín sem o esforço corajoso de repensar o acontecimento conciliar a partir da realidade de pobreza e de injustiça que caracterizava a América Latina"[8]. Com esta conferência, diz Ramirez, "nossa Igreja começa a adquirir personalidade eclesial" e "começa a aportar, a partir do surgimento de uma consciência profética, uma grande riqueza à Igreja universal"[9].

Já no texto de apresentação do Documento Final de Medellín, a presidência do CELAM fala desta conferência como "um autêntico Pentecostes para a Igreja latino-americana" e afirma que com ela "começa para a Igreja da América Latina 'um novo período de sua vida eclesiástica' [...] marcado por uma profunda renovação da vida espiritual, por generosa caridade pastoral e por uma autêntica sensibilidade social"[10].

E a mesma convicção aparece no testemunho de alguns dos bispos que marcaram decisivamente a caminhada da Igreja latino-americana pós-Medellín.

– Em relato escrito no final da conferência, Dom Helder Câmara, um de seus principais protagonistas, compara Medellín ao Concílio Vaticano II e afirma que "para a América Latina, as Conclusões desta Conferência – que aplicam ao nosso Continente as determinações do Concílio e, em nome do Concílio, levam-nos a assumir, plenamente, nossa responsabilidade em face do momento histórico da América Latina – devem ter o

---

[8] PALÁCIO, Carlos. "Trinta anos de teologia na América Latina: um depoimento". In: SUSIN, Luis Carlos (org.). *O mar se abriu: trinta anos de teologia na América Latina*. São Paulo: Loyola, 2000, 51-64, aqui 53.
[9] RAMÍREZ, Alberto. "'Medellín' y el origen reciente de la vocación profética de nuestra Iglesia en America Latina". *Medellín* 81 (1995) p. 45-70, aqui p. 70.
[10] CELAM. "Apresentação". In: *Conclusões da Conferência de Medellín – 1968*. Trinta anos depois, Medellín ainda é atual? São Paulo: Paulinas, 2010, p. 5-7, aqui p. 6.

mesmo sentido que para o mundo inteiro, devem ter os documentos conciliares"[11].

– Segundo Dom Fragoso, Medellín ofereceu "a oportunidade, para o episcopado latino-americano e suas Igrejas, de repensar o Vaticano II dentro do contexto continental". Foi "uma tentativa de olhar a Igreja desde o lugar social dos meios populares [...] e convocar os cristãos para uma ação pastoral transformadora". Foi "um esforço de latino-americanizar o Concílio Vaticano II, uma busca de um rosto de Igreja mais encarnada e um pluralismo eclesial em gestação". E conclui: "Por graça de Deus – o Espírito Santo 'pairava' sobre a conferência suscitando profecia e criatividade – foi dado um passo 'oficial' para uma evangelização 'inculturada', que não prioriza a reprodução da 'cristandade', mas abre para uma 'Igreja popular'"[12].

– Falando da "opção preferencial pelos pobres", Dom Aloísio Lorscheider, que foi presidente do CELAM e um dos copresidentes da conferência de Puebla, não hesita em afirmar que "nenhuma conferência, nem Puebla, nem muito menos Santo Domingo, ultrapassou Medellín, que foi um grande fato eclesial da América Latina e marcou também a Igreja fora deste continente. Influiu até no magistério geral da Igreja"[13].

E não se trata, aqui, de acontecimentos meramente eclesiais sem relevância social. O processo de renovação eclesial desencadeado pelo Concílio Vaticano II e, sobretudo, pela conferência de

---

[11] CÂMARA, Dom Helder. *Circulares pós-conciliares*: De 25/26 de fevereiro de 1968 a 30/31de dezembro de 1968. Vol. IV, Tomo II. Recife, CEPE, 2013, p. 236.

[12] DOM ANTONIO FRAGOSO. *Apud*. BEOZZO, José Oscar. "Medellín: seu contexto em 1968 e sua relevância 50 anos depois". In: GODOY, Manuel – AQUINO JÚNIOR, Francisco de. *50 anos de Medellín*: Revisitando os textos, retomando o caminho. São Paulo: Paulinas, 2017, p. 9-27, aqui p. 21.

[13] O GRUPO. *Mantenham as lâmpadas acesas*: Revisitando o caminho, recriando a caminhada. Um diálogo de Aloísio Cardeal Lorscheider com O Grupo. Fortaleza: UFC, 2008, p. 77.

Medellín tem uma importância social muito grande, na medida em que redefine a presença e atuação da Igreja na sociedade. Isso vale particularmente em relação ao continente latino-americano: seja pelo imaginário religioso que o caracteriza e pela importância da Igreja como força social; seja pelo impacto que a mudança de lugar social da Igreja produziu no continente. Basta recordar, aqui, a modo de exemplo, o que afirmava um documento elaborado nos anos 1980 por um grupo de assessores de Ronald Reagan para o Conselho Interamericano de Segurança dos Estados Unidos: "A política exterior dos EUA deve começar a enfrentar (e não simplesmente reagir posteriormente) a Teologia da Libertação, tal como é utilizada na América Latina pelo clero da 'teologia da libertação'"[14]. Para não falar das centenas ou dos milhares de cristãos ameaçados, perseguidos, torturados e até martirizados por seu compromisso com os pobres na luta pela justiça.

c) Papa Francisco

Quanto à importância de *Francisco*[15] na Igreja e na sociedade, ela tem a ver com a retomada e atualização desse dinamismo eclesial desacelerado ou mesmo reprimido nas últimas décadas. Se a Igreja do Vaticano II e de Medellín é uma Igreja encarnada na realidade e envolvida com os problemas da sociedade, uma Igreja--povo que se entende e se configura como sacramento de salva-

---

[14] COMITÊ DE SANTA FÉ. "Documento secreto da política de Reagan para a América Latina". *Vozes* 75/10 (1981) 755-756, aqui 755.

[15] Cf. PASSOS, João Décio – SOARES, Afonso (orgs.). *Francisco*: Renasce a esperança. São Paulo: Paulinas, 2013; SILVA, José Maria (org.). *Papa Francisco*: Perspectivas e expectativas de um papado. Petrópolis: Vozes, 2014; SANCHES, Wagner Lopes – FIQUEIRA, Eulálio (orgs.). *Uma Igreja de portas abertas*: Nos caminhos do Papa Francisco. São Paulo: Paulinas, 2016; HUMMES, Claudio. *Grandes metas do Papa Francisco*. São Paulo: Paulus, 2017.

ção/libertação no mundo; a Igreja das últimas décadas é marcada por um processo de involução eclesial: uma Igreja clerical e autocentrada, voltada para seus interesses institucionais (culto, doutrina, governo), indiferente aos grandes problemas da humanidade. Tornou-se comum falar, a partir da Europa, de "inverno eclesial". Daqui do Nordeste do Brasil, onde inverno é chuva e chuva é benção, teríamos que falar de "seca eclesial". Neste contexto, pode-se compreender melhor a importância de Francisco. Ele não apenas assume e atualiza o dinamismo eclesial conciliar-latino-americano, formulado em termos de "Igreja pobre para os pobres" ou "Igreja em saída para as periferias do mundo", mas o faz em um contexto eclesial extremamente adverso. Não por acaso, Francisco tem encontrado tanta resistência na Igreja. E não pensemos apenas nas críticas abertas de pequenos grupos ultrarreacionários ou de alguns membros da cúpula da Igreja. A resistência pior e mais eficaz a ele é aquela que se dá silenciosamente em nossas dioceses, paróquias e comunidades: uma espécie de "cisma branco" em que não se faz crítica aberta e até se tece elogios a ele e o cita (muito seletivamente), mas não se leva a sério ou mesmo se boicota na prática suas orientações pastorais. Mas não obstante toda essa resistência aberta ou sutil, Francisco se mantém evangelicamente firme e criativo nessa tradição e se torna, cada vez mais, uma das referências espirituais/humanitárias mais importantes de nosso tempo. E para além dos limites do cristianismo e das tradições religiosas.

Dito isto, é preciso ao menos indicar e esboçar em linhas gerais a perspectiva teológico-pastoral fundamental de Medellín assumida e atualizada por Francisco.

2. Perspectiva teológico-pastoral de Medellín e Francisco

A importância e o impacto socioeclesiais de Medellín e de Francisco estão vinculados à perspectiva teológico-pastoral ou ao dinamismo eclesial em que se situam ou que assumem e desencadeiam. É a forma de compreender e dinamizar teológica e pastoralmente a Igreja e sua missão no mundo que impacta, abrindo perspectivas novas, mas também provocando tensões e reações.

E não se trata, aqui, de nenhum modismo teológico-pastoral – hoje, mais do que nunca, isso está fora de moda e não dá ibope. Pelo contrário. Trata-se de um esforço eclesial de maior fidelidade a Jesus Cristo e ao Evangelho do Reino que a Igreja deve anunciar com palavras e ações em todos os tempos e circunstâncias. Esta é a missão e a razão de ser da Igreja. Em função disso, tudo mais (costumes, estruturas, formulações etc.) é relativo. Daí o caráter de reforma permanente que caracteriza a Igreja[16]. Como afirma o Decreto *Unitatis Redintegratio* do Concílio Vaticano II sobre o ecumenismo: "Toda renovação da Igreja consiste numa fidelidade maior à própria vocação [...] A Igreja peregrina é chamada por Cristo a essa reforma perene. Dela necessita perpetuamente como instituição humana e terrena" (*UR* 6). E essa consciência aparece em vários textos do Concílio (cf. *UR* 4; *LG* 8, 9,15; *GS* 43).

Pois bem, Medellín e Francisco se inserem no processo de renovação eclesial assumido e/ou desencadeado pelo Concílio Vaticano II.

Uma das características mais importantes deste concílio foi o diálogo com o mundo moderno. Depois de séculos de confron-

---

[16] Cf. BARREIRO, Álvaro. *"Povo santo e pecador"*: A Igreja questionada e acreditada. São Paulo: Loyola, 1994, p. 113-135.

tos, hostilizações e condenações, a Igreja se abre positivamente ao mundo moderno, discernindo e reconhecendo nele sinais da presença de Deus e procurando responder aos apelos de Deus aí presentes (cf. *GS* 4,11, 44; *PO* 9; *UR* 4; *AA* 14)[17]. Fez isto não apenas como estratégia de sobrevivência, mas, em última instância, em razão de sua própria identidade: Em virtude de seu caráter missionário, a Igreja só pode existir em solidariedade com o mundo. A referência e o serviço ao mundo são constitutivos da identidade da Igreja, cuja missão consiste em ser "sinal e instrumento" da salvação ou do reinado de Deus no mundo (cf. *LG* 1, 5, 8, 9, 48; *GS* 42, 45; *AD* 1, 5; *SC* 5s). Mais que um problema de sensibilidade ou estratégia pastoral, trata-se aqui de um problema de ordem teológica. Está em jogo a própria identidade da Igreja. Enquanto presente no mundo e a serviço da salvação do mundo, a Igreja está constitutivamente referida ao mundo. Ela não pode se pensar e se configurar independentemente do mundo muito menos em oposição a ele. Enquanto lugar e destinatário da missão da Igreja, o mundo é um momento do processo mesmo em que essa missão (salvífica) se realiza. De modo que não há lugar para oposição entre Igreja e mundo (cf. *GS* 43) e que a preocupação e o envolvimento com os problemas do mundo aparecem como algo constitutivo da missão da Igreja (cf. *GS* 11, 42, 89).

Medellín foi pensada e convocada "com a finalidade de afinar a Igreja da América Latina com a teologia e a pastoral do Vaticano II e terminou dando um salto qualitativo para além da concepção centro-europeia desse Concílio"[18]. Não apenas recolheu

---

[17] Cf. BOFF, Clodovis. *Sinais dos tempos*: Princípios de leitura. São Paulo: Loyola, 1979.
[18] LIBANIO, João Batista. "Concílio Vaticano II: Os anos que se seguiram". In: LORSCHEIDER, Aloísio [*et al.*]. *Vaticano II*: 40 anos depois. São Paulo: Paulus, 2005, p. 71-88, aqui p. 82.

e desenvolveu de modo coerente e consequente a riqueza e as potencialidades do Concílio na América Latina, mas, ao fazê-lo, pôs em marcha um movimento teológico-pastoral que acabou revelando limites do próprio Concílio: "um Concílio universal, mas na perspectiva dos países ricos e da chamada cultura ocidental"[19]. Se o Concílio teve o mérito incalculável de descentrar a Igreja, de abri-la e lançá-la ao mundo, "não historicizou devidamente o que era esse mundo, um mundo que devia ter definido como um mundo de pecado e injustiça, no qual as imensas maiorias da humanidade padecem de miséria e injustiça"[20]. Não bastava abrir-se ao mundo. Era necessário determinar com maior clareza e precisão que mundo era esse (mundo estruturalmente injusto e opressor) e qual o lugar social da Igreja nesse mundo (mundo dos pobres e marginalizados). Aqui reside um dos maiores limites do Concílio e o mérito insuperável de Medellín.

Se o Concílio Vaticano II abriu a Igreja para o *mundo*, compreendendo-o e assumindo-o como lugar e destinatário de sua missão; Medellín concretizou melhor esse mundo e assumiu o *mundo dos pobres e marginalizados* como lugar e destinatário fundamentais de sua missão. Se o Concílio compreendeu a Igreja como sinal e instrumento de *salvação* no mundo; Medellín historicizou essa salvação em termos de *libertação* das mais diferentes formas de injustiça, opressão e marginalização. Se o Concílio produziu e/ou desencadeou uma teologia ilustrada, aberta e em diálogo com o mundo moderno (*teologia moderna*); Medellín

---

[19] ELLACURIA, Ignácio. "Pobres". In: *Escritos Teológicos II*. San Salvador, UCA, 2000, p. 171-192, aqui p. 173.
[20] ELLACURÍA, Ignácio. "El auténtico lugar social de la Iglesia". In: *Escritos Teológicos II*. San Salvador, UCA, 2000, p. 439-451, aqui p. 449.

produziu e/ou desencadeou uma teologia engajada nos processos de libertação (*teologia da libertação*).

Tudo isso repercutiu imensamente no conjunto da Igreja. Não só a Igreja latino-americana foi profundamente marcada e enriquecida pelo processo de renovação eclesial desencadeado pelo Concílio. Também o conjunto da Igreja foi profundamente marcado e enriquecido pelo processo de renovação eclesial inaugurado por Medellín e formulado comumente nos termos *opção preferencial pelos pobres* – "uma das peculiaridades que marca a fisionomia da Igreja latino-americana e caribenha" (Aparecida, 391): O Sínodo dos bispos sobre "A justiça no mundo" (1971) e a Exortação Apostólica *Evangelii Nuntiandi* "Sobre a Evangelização no mundo contemporâneo" (1975) mostram claramente o impacto e a repercussão do acontecimento Medellín no conjunto da Igreja já na primeira metade da década de 1970; em sua Encíclica *Sollicitudo Rei Socialis* (1987), João Paulo II fala da "opção ou [do] amor preferencial pelos pobres" como um dos "temas" e uma das "orientações" repetidamente "ventilados pelo magistério nos últimos anos" (*SRS* 42); o Compêndio de Doutrina Social da Igreja (2004), fala da "opção preferencial pelos pobres" ao tratar dos princípios da Doutrina Social da Igreja, concretamente do princípio da "destinação universal dos bens"[21]; e Bento XVI reconheceu e afirmou explicitamente no discurso de abertura da Conferência de Aparecida (1997) que "a opção preferencial pelos pobres está implícita na fé cristológica naquele Deus que se fez pobre por nós, para enriquecer-nos com sua pobreza (cf. 2Cor

---

[21] PONTIFICIO CONSELHO JUSTIÇA E PAZ. *Compêndio de Doutrina Social da Igreja*. São Paulo: Paulinas, 2011, n. 182-184.

8,9)"[22]. Para não falar do impacto e da repercussão desse processo eclesial inaugurado por Medellín na prática pastoral, no magistério episcopal e na reflexão teológica nas mais diferentes regiões do planeta.

E todo esse processo ganha com *Francisco* renovado vigor e dinamismo eclesiais. Ao expressar seu profundo desejo de "uma Igreja pobre e para os pobres" e ao colocar os pobres e sofredores da terra no centro de suas preocupações e orientações pastorais, Francisco retoma e atualiza, a seu modo, a tradição eclesial que vem do Concílio e da Igreja latino-americana. Não seria exagerado afirmar que ele realiza uma *síntese peculiar* das intuições e orientações teológico-pastorais dessa tradição. *Síntese*, porque se trata, na verdade, de retomada e rearticulação das orientações fundamentais do Concílio e da caminhada eclesial latino-americana. *Peculiar*, pelo modo próprio de retomada e articulação, fruto, em boa medida, de sua experiência pastoral e que se materializa em seus gestos, discursos, acentos, prioridades, linguagem etc.

O Documento de Aparecida, do qual foi um dos redatores e que constitui uma de suas principais referências, pode ser tomado como um primeiro esboço dessa síntese. Mas ela encontra sua elaboração mais acabada, ainda que aberta e em processo de elaboração, na sua Exortação Apostólica *Evangelii Gaudium*, com a qual quer "indicar caminhos para o percurso da Igreja nos próximos anos" (*EG* 1).

O núcleo de seu projeto de renovação eclesial pode ser formulado em termos de *Igreja dos pobres* ou *Igreja em saída para as periferias do mundo*. Trata-se de um profundo descentramento eclesial (Igreja *em saída*). Nisso, é muito fiel ao Concílio: a Igreja

---

[22] BENTO XVI. "Discurso Inaugural". In: CELAM. *Documento de Aparecida*. São Paulo: Paulinas, 2007, p. 249-266, aqui p. 255.

não existe para si, mas como "sinal e instrumento de salvação no mundo". Mas não se trata de uma saída qualquer, para qualquer lugar ou com qualquer finalidade. Trata-se de uma saída para a humanidade sofredora e para ser sinal e mediação da misericórdia e da justiça de Deus para com ela (saída *para as periferias*). E nisso ele é muito fiel à caminhada da Igreja latino-americana em cujo centro está a "opção preferencial pelos pobres". A intuição de fundo está formulada de modo muito simples, claro e direto no discurso que Francisco fez na periferia de Kangeme, em Nairobi – Quênia, no dia 27 de novembro de 2015: "O caminho de Jesus começou na periferia, vai *dos* pobres e *com* os pobres para todos"[23].

Certamente, isso não esgota o mistério da Igreja e sua missão no mundo, mas constitui o coração ou o centro em torno e em função do qual tudo mais se articula: prioridades, estruturas, ministérios, linguagem etc. A razão última de ser da Igreja é ser "sinal e instrumento" ou "mediação" da salvação ou do reinado de Deus que tem nos pobres, marginalizados e sofredores do mundo sua medida e seu critério escatológicos (cf. Lc 10,25-37; Mt 25,31-46). Aqui está o núcleo da reforma eclesial desencadeada por Medellín e retomada fiel e criativamente por Francisco.

3. Desafios teológico-pastorais

A partir dessa tradição eclesial Vaticano II – Medellín, retomada por Francisco, podemos indicar alguns dos principais desafios com os quais somos confrontamos em nossa missão evangelizado-

---

[23] FRANCISCO. "Visita ao bairro pobre de Kamgeme, Nairobi – Quênia: Discurso". Disponível em: http://w2.vatican.va/content/francesco/pt/speeches/2015/november/documents/papa-francesco_20151127_kenya-kangemi.html

ra no contexto atual da Igreja e da sociedade. E esses desafios dizem respeito tanto à compreensão e à configuração da Igreja e sua missão no mundo (eclesiologia), quanto aos apelos e às exigências que brotam de nossa situação histórica atual (sinais dos tempos).

3.1. Igreja e sua missão

Aos poucos, mas de maneira progressiva e intensa, esse processo foi sendo freado, controlado, alterado ou mesmo invertido nas últimas décadas. Foi se gestando um "novo" dinamismo eclesial, não só distinto, mas, sob muitos aspectos, até contrário ao dinamismo eclesial Vaticano II – Medellín. E tanto no que diz respeito à *estrutura social da Igreja*, cada vez mais centrada no ministro ordenado (clerizalização), quanto no que diz respeito à *missão evangelizadora da Igreja*, cada vez mais centrada na reprodução e nos interesses institucionais: culto, doutrina, governo, conquista de novos membros etc. (eclesiocentrismo). Não por acaso, nossas comunidades, organizações, paróquias e dioceses são cada vez mais indiferentes aos grandes problemas da sociedade. E não por acaso, os ministros ordenados são cada vez mais o centro em torno do qual giram a organização e a missão da Igreja.

Esse é um dos grandes desafios com os quais Francisco tem se confrontado e nos confrontam com firmeza e ousadia evangélicas. Tem reagido constantemente contra o clericalismo que é uma "deformação", um "mal" e uma "peste"[24], insistindo na estrutura

---

[24] Cf. FRANCISCO. *Carta ao cardeal Marc Ouellet, Presidente da Pontifícia Comissão para a América Latina*. Disponível em: https://w2.vatican.va/content/francesco/pt/letters/2016/documents/papa-francesco_20160319_pont-comm-america-latina.html; FRANCISCO. *Diálogo com os jesuítas reunidos na 36ª Congregação Geral*. Disponível em: http://www.ihu.unisinos.br/562809-ter-coragem-e-audacia-profetica-a-integra-do-dialogo-do-papa-francisco-com-os-jesuitas-reunidos-na-36-

sinodal da Igreja[25] e na corresponsabilidade de todos na missão evangelizadora (cf. *EG* 111-134). E tem alertado constantemente contra o "mundanismo espiritual" ou "doença espiritual" que é o "autocentramento" ou a "autorreferencialidade" eclesial (cf. *EG* 93-97)[26], recuperando a centralidade da misericórdia – "coração pulsante do Evangelho" (*MV* 12) e retomando o movimento de "saída para as periferias" (*EG* 20, 30, 59).

Levar a sério essa problemática é fundamental, inclusive, para o envolvimento da Igreja com os grandes problemas do mundo de hoje, pois, dependendo da compreensão que a Igreja tenha de si mesma e de sua missão, esses problemas serão tomados como próprios ou externos à sua missão evangelizadora.

3.2. Sinais dos tempos

Vinculado ao problema da compreensão e configuração da Igreja e sua missão no mundo estão os desafios de nossa hora histórica que devem ser enfrentados pelos crentes na força e no poder do Espírito (Gl 5,25) com uma "fé ativada pelo amor" (Gl 5,6) que vai fermentando a história com o dinamismo do reinado de Deus (1Cor 4,20) que tem nos pobres, marginalizados e sofredores sua medida e seu critério escatológicos (Lc 10,25-37; Mt 25,31-46). Está em jogo, aqui, a problemática da densidade teológica dos acontecimentos históricos, isto é, de sua dimensão salvífico-espiritual.

-congregacao-geral; FRANCISCO. *Coletiva de imprensa no voo de volta de Fátima*. Disponível em: http://www.ihu.unisinos.br/78-noticias/567623-o-clericalismo-e-uma-peste-na-igreja-entrevista--com-o-papa-francisco-no-voo-de-volta-de-fatima.

[25] Cf. PAPA FRANCISCO. Discurso na comemoração do cinquentenário da instituição do Sínodo dos Bispos. Disponível em: http://w2.vatican.va/content/francesco/pt/speeches/2015/october/documents/papa-francesco_20151017_50-anniversario-sinodo.html

[26] GAETA, Severino. *Papa Francisco*: A vida e os desafios. São Paulo: Paulus, 2013, p. 28, 42.

O Concílio Vaticano II começou a se enfrentar com essa questão, reconhecendo nos acontecimentos históricos presença, sinais e apelos de Deus. É toda a problemática dos "sinais dos tempos" que foi apenas intuída e esboçada pelo Concílio (cf. *GS* 4,11, 44; *PO* 9; *UR* 4; *AA* 14). *Medellín* retomou essa intuição, concretizando-a nos processos históricos de libertação, nos quais reconhece "um evidente signo do Espírito que conduz a história dos homens e dos povos para a sua vocação" ou "a presença de Deus que quer salvar o homem inteiro, alma e corpo"[27]. E a *teologia da libertação* tem aqui um de seus pressupostos teológicos mais importantes. Ignacio Ellacuría, por exemplo, fala do "povo historicamente crucificado" como o "sinal dos tempos" mais importante, a partir do qual "se deve discernir e interpretar todos os demais"[28]. Mas isso nunca foi tranquilo e nunca conseguiu se impor na Igreja, superando o clássico dualismo "matéria X espírito", que adquiriu diversas expressões ao longo da história: humano X divino, liberdade X graça, natural X sobrenatural, imanência X transcendência etc. Por isso, sempre que a Igreja procura levar a sério os acontecimentos históricos, logo aparecem as suspeitas, acusações e condenações de "desvio" de sua missão evangelizadora como se se tratasse de algo estranho e que comprometesse sua missão específica. Foi assim com o Concílio Vaticano II. Foi assim com Medellín. É assim com a pastoral e a teologia da libertação. É assim com Francisco. E não se deve simplificar e relativizar essa questão

---

[27] CELAM. *Conclusões da Conferência de Medellín – 1968*. Trinta anos depois, Medellín ainda é atual? São Paulo: Paulinas, 2010, p. 38s.
[28] ELLACURIA, Ignacio. "Discernir 'el signo' de los tempos". In: *Escritos teológicos II*. San Salvador: UCA, 2000, p. 133-135, aqui p. 34.

como se fosse algo simples e evidente nem dá-la por pressuposta como se fosse algo tranquilo, resolvido e consensual na comunidade eclesial.

Em todo caso, aqui está uma das contribuições mais importantes e mais relevantes do dinamismo eclesial desencadeado pelo Concílio Vaticano II e sua recepção em Medellín. E isso tem sido retomado, com vigor e criatividade, por Francisco que, não só tem insistido em sua centralidade na missão da Igreja, mas tem concretizado isso em nosso atual contexto histórico, identificando os grandes problemas e desafios que se impõem à missão da Igreja e se constituem como uma verdadeira agenda teológico-pastoral: periferias sociais e existenciais; cuidado da casa comum, cultura da solidariedade, importância dos movimentos populares.

a) Periferias sociais e existenciais

Francisco tem insistido muito na necessidade e urgência de um processo de renovação eclesial por meio de um movimento permanente da "saída" (dinamismo missionário) para as "periferias" sociais e existenciais de nosso tempo (Evangelho do reinado de Deus, as pobres, marginalizados e sofredores). Não se trata de uma "saída" qualquer, mas de uma "saída para as periferias" e uma saída para anunciar com palavras e ações a misericórdia de Deus, que é o "coração pulsante do Evangelho" (*MV* 12). E quando fala de "periferias", Francisco se refere tanto às "periferias sociais" (situações de pobreza, marginalização e injustiça as mais diversas), quanto de "periferias existenciais" (as mais diversas formas de sofrimento humano).

Medellín chamou atenção para a dimensão institucional/estrutural da pobreza, desigualdade e opressão na América Latina: Falou de "estruturas injustas", de "violência institucional", da necessidade de "novas e renovas estruturas" e desencadeou um dinamismo teológico-pastoral que levou a sério a dimensão sociotransformadora da fé. Francisco retoma essa dimensão socioestrutural da pobreza e marginalização, mas a articula com a dimensão existencial do sofrimento humano. É preciso se enfrentar tanto com as estruturas que produzem pobreza, desigualdade e marginalização (compromisso com a transformação da sociedade), quanto com as situações existenciais de sofrimento (proximidade, consolo e alento às pessoas em seus sofrimentos). A *opção pelos pobres* tem tanto uma *dimensão estrutural* quanto uma *dimensão existencial*.

b) Cuidado da casa comum

Vinculada à problemática do sofrimento humano e como uma de suas dimensões fundamentais está a problemática ambiental que assume dimensões e proporções cada vez mais assustadoras. Neste contexto e em sintonia com o "movimento ecológico mundial", Francisco convoca todas as pessoas, comunidades e instituições a ouvirem os gritos/clamores/gemidos da terra e dos pobres (cf. *LS* 49, 53,117) e lança um "convite urgente a renovar o diálogo sobre a maneira como estamos construindo o futuro do planeta" (*LS* 14).

Criticando toda forma de "antropocentrismo despótico" (*LS* 68) e de "biocentrismo" cínico (*LS* 118), Francisco propõe uma *ecologia integral* que tem como um de seus eixos fundamentais "a relação íntima entre os pobres e a fragilidade do planeta" (*LS* 16). Daí sua insistência em que "uma verdadeira abordagem ecológica sempre se torna uma abordagem social, que deve integrar a justiça nos debates sobre o meio ambiente, para ouvir tanto o clamor da terra como o clamor dos pobres" (*LS* 49).

A Encíclica *Laudato Si*, uma das mais importantes e mais impactantes encíclicas sociais da Igreja, não apenas trata de um dos grandes problemas de nosso tempo (problema ambiental), mas aponta uma perspectiva nova de tratar esses problemas que cada vez mais se constituem como problemas socioambientais (ecologia integral). E isso alarga os horizontes da própria luta pela justiça e das formas ou dos meios de sua realização histórica.

c) Cultura da solidariedade

Francisco é particularmente sensível à dimensão cultural da vida, não em oposição à dimensão socioestrutural nem como forma sutil de evitar, por comodidade ou por cumplicidade, os conflitos aí implicados, mas por compreender que é aqui que se cultivam e se reproduzem os grandes valores e as grandes convicções que legitimam os dinamismos e as estruturas sociais e/ou que mobilizam forças e processos sociais para sua transformação. Ele tem insistido muito na urgência de uma "cultura da solidariedade".

E solidariedade "significa muito mais do que alguns atos esporádicos de generosidade; supõe a criação de uma nova mentalidade que pense em termos de comunidade, de prioridade da vida de todos sobre a apropriação dos bens por parte de alguns" (*EG* 188) e que enfrente e supere a "cultura do descartável" (*EG*

53), o "ideal egoísta" e a "globalização da indiferença" que se desenvolveram e se impuseram em nosso mundo, tornando-nos "incapazes de nos compadecer ao ouvir os clamores alheios" e desresponsabilizando-nos diante de suas necessidades e de seus sofrimentos (*EG* 54, 67). "A solidariedade é uma reação espontânea de quem reconhece a função social da propriedade e o destino universal dos bens". Tem a ver com convicções e práticas. E é fundamental, inclusive, para a realização e a viabilidade de "outras transformações estruturais" na sociedade, pois "uma mudança nas estruturas, sem gerar novas convicções e atitudes, fará com que essas mesmas estruturas, mais cedo ou mais tarde, se tornem pesadas e ineficazes" (*EG* 189).

d) Importância dos movimentos populares

Por fim, Francisco tem insistido na importância fundamental dos movimentos populares no enfrentamento dos grandes problemas de nosso tempo e na construção de alternativas "a partir de baixo" que antecipem e desencadeiem processos de construção de um novo mundo. Seus encontros mundiais com representantes de movimentos populares (28/10/2014; 09/06/2015; 05/11/2016) revelam sua preocupação e seu interesse pelos grandes *problemas* socioambientais do mundo atual, bem como pelos *sujeitos* que se esforçam para mudar essa situação e se dedicam ao cuidado da casa comum e pelos *processos sociais* que eles suscitam e desenvolvem no mundo inteiro, mas revelam também sua percepção da *densidade teológica* ou do caráter espiritual dos problemas e das organizações e lutas populares.

Ao se referir aos movimentos populares nesses encontros[29], afirma que eles têm "os pés na lama e as mãos na carne" e têm "cheiro" de "bairro, povo, luta", que são portadores de uma "torrente de energia moral que nasce da integração dos excluídos na construção do destino comum", que "expressam a necessidade urgente de revitalizar as nossas democracias", que são "semeadores de mudança" – de "uma mudança redentora", que com eles "sente-se o vento de promessa que reacende a esperança de um mundo melhor" e que eles são "como uma bênção para a humanidade". Daí sua importância fundamental na sociedade e para a própria missão da Igreja no mundo.

A MODO DE CONCLUSÃO

Falamos da importância de Medellín e de Francisco na Igreja e na sociedade. Esboçamos sua perspectiva teológico-pastoral fundamental. Indicamos, a partir dessa perspectiva, alguns dos principais desafios com os quais somos confrontados atualmente em nossa missão evangelizadora. E queremos concluir chamando atenção para a complexidade do *assumir esses desafios na comunidade eclesial*, destacando três de seus aspectos ou dimensões fundamentais.

Em primeiro lugar, trata-se de um desafio *teológico-pastoral*, isto é, um desafio que diz respeito tanto ao *modo concreto* de viver a fé, organizar a comunidade eclesial e dinamizar a ação pastoral--evangelizadora (dimensão prática), quanto à *reflexão teológica* sobre a fé, a Igreja e sua missão no mundo (dimensão teórica).

---

[29] Cf. PAPA FRANCISCO. *Discurso do Papa Francisco aos participantes do Encontro Mundial dos Movimentos Populares*. Brasília: CNBB, 2015; IDEM. *Discurso do Papa Francisco no II Encontro Mundial dos Movimentos Populares*. Brasília: CNBB, 2015; IDEM. *Discurso do Papa Francisco aos participantes do III Encontro Mundial dos Movimentos Populares*. Brasília: CNBB, 2016.

Em segundo lugar, trata-se de um desafio estritamente *teologal-teológico*, isto é, um desafio práxico-teórico que diz respeito à *identidade mais profunda da Igreja* em *estrutura social* (comunidade com seus carismas e ministérios) e em sua *missão fundamental* (sinal e instrumento do reinado de Deus no mundo).

Em terceiro lugar, trata-se de um *desafio muito complexo* que não se resolve por decreto nem de uma hora para a outra. Exige paciência, determinação e criatividade. Implica um dinamismo em que o "tempo é superior ao espaço", isto é, um dinamismo que se ocupa "mais com iniciar processos do que possuir espaços" (*EG* 223).

É verdade que o atual contexto eclesial e social não é nada favorável a esse dinamismo teológico-pastoral. Mas é verdade também que o Evangelho sempre encontrou resistências e oposições na Igreja e na sociedade. Entretanto, e paradoxalmente, é em meio às resistências e oposições que o Evangelho, sempre de novo, e a partir das galileias da vida, revela seu vigor e seu poder salvífico-libertador, constituindo-se como Boa Notícia para os pobres, marginalizados e sofredores e fermentando o mundo com o dinamismo do reinado de Deus. Que o Espírito de Jesus de Nazaré renove nossa Igreja em seu dinamismo de "saída para as periferias".

IV

CENTRALIDADE DOS POBRES NA IGREJA: *CLAMORES E RESISTÊNCIAS ATUAIS*[1]

A celebração dos 50 anos da Conferência de Medellín foi uma ocasião privilegiada para revisitar seus textos, explicitar sua importância histórica e, sobretudo, para reafirmar e atualizar crítica e criativamente seu legado teológico-pastoral. Sobre Medellín se disse e se escreveu muitas coisas importantes que nem é preciso nem é possível repetir aqui[2]. Não há dúvida de que Medellín foi o "maior evento eclesial na história da Igreja da América Latina e do Caribe"[3] e que "representa um momento decisivo na história da Igreja em nosso continente"[4]: "Nascida no impul-

---

[1] Publicado na Revista Horizonte 50 (2018) p. 576-599. Disponível em: http://periodicos.pucminas.br/index.php/horizonte/article/view/P.2175-5841.2018v16n50p576/13554

[2] Cf. *REB* 48 (1988); BOFF, C. "A originalidade histórica de Medellín". *Convergência* 317 (1998), p. 568-575; *REB* 58 (1998); *Perspectiva Teológica* XXXI/84 (1999); GUTIÉRREZ, G. "Atualidade de Medellín". In: *Conclusões da Conferência de Medellín – 1968*: Trinta anos depois. Medellín ainda é atual? São Paulo: Paulinas, 2010, p. 237-252; CATÃO, F. "aos trinta anos de Medellín". In: *Conclusões da Conferência de Medellín – 1968*: Trinta anos depois. Medellín ainda é atual? São Paulo: Paulinas, 2010, p. 253-284; GODOY, M. – AQUINO JÚNIOR, F. (org.). *50 anos de Medellín*: Revisitando os textos, retomando o caminho. São Paulo: Paulinas, 2017; SOUSA, N. – SBARDELOTTI, E. (org.). *Medellín*: Memória, profetismo e esperança na América Latina. Petrópolis: Vozes, 2018; *Perspectiva Teológica* 50/1 (2018).

[3] BEOZZO, J. O. "Prefácio". In: SOUSA, N. – SBARDELOTTI, E. (org.). *Medellín*: Memória, profetismo e esperança na América Latina. *Op. cit.*, p. 9-18, aqui p. 9.

[4] FRANÇA MIRANDA, M. "A teologia de Medellín". In: SOUSA, N. – SBARDELOTTI, E. (org.). *Medellín*: Memória, profetismo e esperança na América Latina. *Op. cit.*, p. 41-52, aqui p. 42.

so do Concílio, estava destinada a marcar um antes e um depois na vida da Igreja deste continente"[5]. Como bem afirmava a presidência do CELAM, na apresentação da versão oficial do Documento Final, Medellín foi "um autêntico pentecostes para a Igreja da América Latina" e marca um "novo período" na vida de nossa Igreja: um "período marcado por uma profunda renovação espiritual, por generosa caridade pastoral e por uma autêntica sensibilidade social"[6].

Mas há um ponto fundamental e determinante a que é preciso voltar sempre, sem o qual não se pode compreender a importância eclesial e social de Medellín e sobre o qual nunca se diz o bastante: a centralidade dos pobres na Igreja. A novidade e o impacto de Medellín na América Latina, e mesmo, no conjunto da Igreja, estão radicalmente vinculados ao que, sobretudo a partir de Puebla, se convencionou chamar "opção preferencial pelos pobres" e que Aparecida caracteriza como "uma das peculiaridades que marca a fisionomia da Igreja latino-americana e caribenha"[7].

E é sobre esse ponto que vamos refletir. Primeiro, mostrando como é o ponto mais fundamental e mais determinante de Medellín. Segundo, tratando de sua atualidade ou de como ele se configura hoje a partir dos clamores e das resistências dos pobres e marginalizados em nosso continente. Desta forma, Medellín aparece não como um evento passado a ser deixado no passado ou, na melhor das hipóteses, nos arquivos e nos livros de história, mas como algo plenamente atual que nos interpela e nos obriga a um processo crítico-criativo de sua atualização histórica.

---

[5] GUTIÉRREZ, G. "A atualidade de Medellín". *Op. cit.*, p. 237.
[6] CELAM. *Conclusões da Conferência de Medellín – 1968*: Trinta anos depois. Medellín ainda é atual? São Paulo: Paulinas, 2010, p. 5-7, aqui p. 6.
[7] CELAM. *Documento de Aparecida*. São Paulo: Paulinas, 2007, n. 391.

1. CENTRALIDADE DOS POBRES NA IGREJA

É verdade que não se pode entender Medellín sem o Vaticano II. Ela foi pensada e gestada como *recepção* do Concílio na América Latina. Nesse sentido, ela é filha e fruto do Concílio e pressupõe todo processo (complexo e conflitivo) de renovação teológico-pastoral desenvolvido e desencadeado neste acontecimento que marcou decisivamente a vida de nossa Igreja. Mas não se trata de uma tradução ou aplicação mecânica do Concílio na Igreja latino-americana (se é que isso é possível...). Trata-se, antes e mais radicalmente, de um processo de *recepção criativa*[8], no qual o dinamismo eclesial desencadeado pelo Concílio vai sendo assumido e se tornando realidade no contexto específico de um continente marcado por profundas desigualdades sociais e por um processo crescente de tomada de consciência do caráter injusto dessa situação e de organização e luta por sua superação e/ou transformação.

Esse processo de recepção criativa se dá fundamentalmente a partir de uma *inserção da Igreja na realidade latino-americana* e de um *compromisso com os pobres e marginalizados e suas lutas por libertação*. Isso significa dizer que a recepção do Concílio entre nós se dá (1) a partir da intuição e do projeto original de João XXIII de diálogo da Igreja com o mundo que encontrou sua melhor expressão na Constituição Pastoral *Gaudium et Spes* e sua teologia

---

[8] Cf. CALIMANN, C. "A trinta anos de Medellín: Uma nova consciência eclesial na América Latina". *Perspectiva Teológica* 84 (1999), p. 163-180, aqui p. 169-172; FAGGIOLI, M. *Vaticano II*: A luta pelo sentido. São Paulo: Paulinas, 2013, p. 86ss; VILLAS BOAS, A. – MARCHINI, W. L. "Medellín como recepção conciliar". In: SOUSA, N. – SBARDELOTTI, E. (org.). *Medellín*: Memória, profetismo e esperança na América Latina. *Op. cit.*, p. 110-121; PASSOS, J. D. "50 anos de Medellín: Carisma vivo na história em mudança". In: SOUSA, N. – SBARDELOTTI, E. (org.). *Medellín*: Memória, profetismo e esperança na América Latina. *Op. cit.*, p. 122-147.

dos "sinais dos tempos" e (2) de sua concretização histórica em termos de opção pelos pobres. São as duas características mais importantes e mais determinantes do processo de recepção do Concílio na América Latina que convém examinar com mais atenção.

a) Inserção na realidade latino-americana

Vários autores têm chamado atenção para a importância fundamental e decisiva da Constituição Pastoral *Gaudium et Spes* e sua (insipiente, mas fecunda) teologia dos "sinais dos tempos" na Conferência de Medellín e em todo o processo de recepção do Concílio na América Latina[9]. Nas palavras de Victor Codina: "A novidade genial de Medellín foi abordar a eclesiologia do Vaticano II não a partir da *Lumen Gentium*, como fez grande parte dos bispos e teólogos europeus do pós-concílio"[10], "mas a partir da *Gaudium et Spes* e da teologia dos sinais dos tempos que constituem a originalidade maior do Vaticano II e do que Juan XXIII desejava do Concílio"[11].

Isso já aparece claramente no *tema* da conferência: "Presença da Igreja na atual transformação da América Latina". É afirmado com muita clareza na *introdução* do Documento Final: começa afirmando que "a Igreja latino-americana, reunida na II Confe-

---

[9] Cf. GUTIÉRREZ, G. "A atualidade de Medellín". *Op. cit.*, p. 238-244; CODINA, V. "Las iglesias del continente 50 años después de Vaticano II: Cuestiones pendientes". In: CONGRESO CONTINENTAL DE TEOLOGÍA (org.). *50 años del Vativano II: Análisis y perspectivas*. Bogotá: Paulinas, 2013, p. 81-92, aqui 84s; CODINA, V. "Hacer teologia en medio de los pobres". *Revista Latinoamericana de Teología* 102 (2017) p. 301-309, aqui p. 303; CODINA, V. "Las ponencias de Medellín". *Perspectiva Teológica* 50 (2018) p. 59-76, aqui 65-67; COSTADOAT, J. "Hacia un nuevo concepto de revelación? La historia como 'lugar teológico' en la teología de la liberación". In: AZGUY, T. V. R. – GARCÍA, D. – SCHICKENDANTZ, C. (eds.). *Lugares e interpelaciones de Dios: Discernir los signos de los tiempos*. Santiago de Chile: Universidad Alberto Hurtado, 2017, p. 105-132, aqui p. 110-115; BEOZZO, J. O. "Prefácio". *Op. cit.*, p. 10.
[10] CODINA, V. "Las ponencias de Medellín". *Op. cit.*, p. 65.
[11] CODINA, V. "Hacer teologia en medio de los pobres". *Op. cit.*, p. 303.

rência Geral de seu Episcopado, situou no centro de sua atenção o homem deste continente que vive um momento decisivo de seu processo histórico" e, com isso, "não se acha 'desviada', mas 'voltou-se' para o homem, consciente de 'para conhecer Deus é necessário conhecer o homem'"; fala do "momento histórico" vivido na América Latina (anseio de emancipação e de libertação) e o interpreta como um "evidente signo do Espírito"; e termina reafirmando que toda "reflexão [da conferência] orientou-se para a busca de forma de presença mais intensa e renovada da Igreja na atual transformação da América Latina à luz do Concílio Vaticano II"[12]. E, não por acaso, a *primeira parte* do documento está dedicada à problemática da promoção humana (justiça, paz, família e demografia, educação, juventude).

Mas assumir o Concílio a partir da *Gaudium et Spes* e da teologia dos "sinais dos tempos" é uma possibilidade e uma opção nada evidentes nem tranquilas. Tanto é verdade que não foi esse o caminho tomado pela maioria das Igrejas (uma possibilidade entre outras) e que todas as grandes controvérsias eclesiais pós-concílio estão ligadas a essa problemática (caráter conflitivo dessa opção)[13].

Se é verdade que a *Gaudium et Spes*, como disse o cardeal Gabriel-Marie Garrone, relator final do texto, ao apresentá-lo para a aprovação da assembleia conciliar, era o "único esquema querido formalmente por João XXIII"[14], e isso se pode comprovar sem dificuldades no discurso inaugural do Concílio *Gaudet Mater Eccle-*

---

[12] CELAM. *Conclusões da Conferência de Medellín. Op. cit.*, p. 37, 41.
[13] Cf. ALBERIGO, G. *Breve História do Concílio Vaticano II*. Aparecida: Santuário, 2006, p. 179.
[14] Cf. *Apud* PALACIO, C. "O legado da Gaudium et Spes. Riscos e exigências de uma nova 'condição cristã'". *Perspectiva Teológica* 27 (1995) p. 333-353, aqui p. 333, nota 2.

sia[15], não é menos verdade que é um dos, senão o mais controverso texto do Concílio e, sobretudo, de seu processo de recepção eclesial: seja por sua novidade epistemológica, seja pela complexidade e imprecisão teológicas do conceito "sinal dos tempos"[16], seja por seu otimismo excessivo em relação ao mundo moderno[17].

Em sua obra famosa sobre a "luta pelo sentido" do Vaticano II, Massimo Faggioli afirma que a "relação entre Igreja e mundo" é "a questão central do Concílio" e que as controvérsias e divisões em torno dessa questão, sobretudo no pós-concílio, são ainda maiores e vão muito além da clássica divisão entre conservadores e progressistas durante o concílio, na medida em que atinge e divide, inclusive, a chamada ala progressista do Concílio entre o que, com Joseph Komonchak, denomina "tendência neoagostiniana" e "tendência neotomista"[18].

Joseph Ratzinger, por exemplo, afirma que a *Gaudium et Spes* foi o documento "mais difícil e também o de maior êxito", que, "em razão de sua forma e da orientação de suas afirmações, é o que mais se afasta da história dos concílios e permite perceber melhor que todos os demais textos a peculiar fisionomia do último concílio", que foi "considerado como o autêntico testamento conciliar" e que "a penumbra, que até hoje reina em torno da questão do autêntico sentido do Vaticano II, depende destes diagnósticos e,

---

[15] JOÃO XXIII. "Discurso do Papa João XXIII Gaudet Mater Ecclesia na abertura solene do Concílio". In: *VATICANO II*: Mensagens, discursos e documentos. São Paulo: Paulinas, 2007, p. 27-35.

[16] Cf. SCHICKENDANTZ, C. "Un nuevo capítulo de epistemología teológico-pastoral: aportes a la compreensión de los signos de los tiempos". *Atualidade Teológica* 58 (2018) p. 133-158; SCHICKENDANTZ, C. "Signo de los tempos. Articulación entre princípios teológicos y acontecimientos históricos". In: AZGUY, V. R. – GARCÍA, D. – SCHICKENDANTZ, C. (eds.). *Lugares e interpelaciones de Dios*: Discernir los signos de los tempos. Santiago de Chile: Universidad Alberto Hurtado, 2017, p. 33-69.

[17] Cf. RATZINGER, J. *Teoría de los principios teológicos*: Materiales para una teología fundamental. Barcelona: Herder, 1985, p. 439-472.

[18] Cf. FAGGIOLI, M. *Vaticano II*: A luta pelo sentido. *Op. cit.*, p. 102-131.

portanto, também deste documento". No fundo, trata-se de saber se o Concílio deve ser interpretado a partir e em função do diálogo com o mundo (*GS*) ou das declarações dogmáticas sobre a Igreja e a revelação (*LG, DV*)[19]. Sem falar do excessivo otimismo em relação ao mundo moderno: "Se se deseja emitir um diagnóstico global sobre este texto, poder-se-ia dizer que significa (junto com os textos sobre a liberdade religiosa e sobre as religiões mundiais) uma revisão do *Syllabus* de Pio IX, uma espécie de *Antisyllabus*"[20]. Mas as dificuldades e resistências com esse documento não são exclusivas de Ratzinger. São comuns a muitos bispos e teólogos, particularmente ao bloco alemão. Como bem mostrou Carlos Schickendantz, no contexto mais amplo da controvérsia franco-alemã, mesmo um Karl Rahner, ainda que com diferenças significativas, expressou muitas reservas a este documento, sobretudo no que diz respeito a seus pressupostos e suas implicações epistemológicas. Chegou, inclusive, a escrever um texto com observações críticas sobre o esquema da futura constituição pastoral, que foi usado pelo cardeal Döpfiner e incluído como material conciliar[21].

Em todo caso – e não obstante a complexidade da problemática, os debates teológicos acerca de suas imprecisões e indeterminações epistemológicas e conceituais e as reservas críticas em relação ao otimismo conciliar frente ao mundo moderno – esse foi o caminho tomado pela Igreja da América Latina em Medellín. Sua recepção do Concílio se deu em forma de abertura e inserção na realidade latino-americana.

---

[19] RATZINGER, J. *Teoría de los principios teológicos*. Op. cit., p. 453s.
[20] RATZINGER, J. *Teoría de los principios teológicos*. Op. cit., p. 457.
[21] Cf. SCHICKENDANTZ, C. "Un nuevo capítulo de epistemologia teológico-pastoral: aportes a la compreensión de los signos de los tiempos". *Op. cit.*, p. 133-148.

b) Opção pelos pobres

Mas o propósito fundamental do Concílio de abertura ao mundo e discernimento dos "sinais dos tempos", assumido por Medellín, adquire características muito peculiares na América Latina com repercussões enormes no conjunto da Igreja. Nas palavras de Gustavo Gutiérrez, "discernir os sinais dos tempos conduz a Conferência de Medellín a olhar para a realidade de um continente que vive 'sob o signo do subdesenvolvimento'", a considerar que "essa situação de pobreza é o maior desafio ao qual se deve fazer frente no anúncio do Evangelho nestas terras" e a convocar os cristãos a se "comprometerem na construção de uma sociedade justa sem marginalizados nem oprimidos"[22].

Nas palavras de Victor Codina: "Escutar e discernir os sinais dos tempos na América Latina à luz do Evangelho conduz a uma atitude de solidariedade com os pobres em vista a um desenvolvimento e uma promoção humana integral como fruto de sua missão salvadora, uma vez que na América Latina a salvação abarca a libertação do homem todo, a passagem de condições menos humanas a condições mais humanas, um desenvolvimento do qual o povo seja sujeito"[23].

E isso aparece claramente já na introdução do Documento Final ao interpretar os anseios e esforços por transformação, emancipação e libertação como um "evidente signo do Espírito que conduz a história dos homens e dos povos para sua vocação" ou como "presença de Deus que quer salvar o homem inteiro, alma

---
[22] GUTIÉRREZ, G. "A atualidade de Medellín". *Op. cit.*, p. 245s.
[23] CODINA, V. "Las ponencias de Medellín". *Op. cit.*, p. 67s.

e corpo" ou como antecipação escatológica da redenção/ressureição. Neste contexto se insere uma das afirmações mais importantes de Medellín e mais determinantes de todo dinamismo teológico-pastoral por ela inaugurado e/ou desencadeado: "Assim, como outrora Israel, o antigo povo, sentia a presença salvífica de Deus quando o libertava da opressão do Egito, quando o fazia atravessar o mar e o conduzia à conquista da terra prometida, assim também nós, novo povo de Deus, não podemos deixar de sentir seu passo que salva, quando se dá o 'verdadeiro desenvolvimento que é, para cada um e para todos, a passagem de condições de vida menos humanas [carências materiais e morais, estruturas opressoras] para condições mais humanas [posse do necessário, conhecimentos, cultura, dignidade, espírito de pobreza, bem comum, paz, Deus, fé]'"[24].

Dessa forma, Medellín assume a perspectiva fundamental do Vaticano II de abertura ao mundo e discernimento dos "sinais dos tempos" a partir dos pobres e seus anseios e lutas por libertação e, assim, retoma a intuição de João XXIII e de um grupo de padres conciliares de uma "Igreja dos pobres" e supera o eurocentrismo e o otimismo excessivo com a modernidade que caracterizam o Concílio.

Ao tratar os "sinais dos tempos" em termos de realidade social e, mais concretamente, em termos de transformação ou libertação[25], Medellín retoma e desenvolve a intuição de João XXIII de uma "Igreja dos pobres"[26]. Essa intuição foi assumida

---

[24] CELAM. *Conclusões da Conferência de Medellín*. *Op. cit.*, p. 38-40.
[25] Cf. CELAM. *Conclusões da Conferência de Medellín*. *Op. cit.*, p. 116-124, n. 13.
[26] Cf. JOÃO XXIII. "Mensagem radiofônica a todos os fiéis católicos, a um mês da abertura do Concílio". In: *VATICANO II*: Mensagens, discursos e documentos. *Op. cit.*, 20-26, aqui p. 26.

por um grupo de padres conciliares que, embora exercendo uma pressão espiritual e profética significativa, permaneceu sempre à margem do Concílio e teve uma repercussão muito tímida nos documentos aprovados[27]. Mas esse grupo ajudou a recuperar e dar visibilidade ao que o Cardeal Lercaro, de Bolonha, denominou um aspecto "essencial e primordial" da revelação e da fé e pôs em marcha um processo de renovação da Igreja a partir de sua relação essencial com os pobres. E, não obstante as tensões e controvérsias cada vez mais intensas, esse será o ponto mais fundamental e mais determinante do processo de recepção do Concílio na América Latina a partir de Medellín. "Abertura ao mundo" e "sinais dos tempos" entre nós têm a ver fundamentalmente com o que, sobretudo a partir de Puebla, será formulado cada vez mais em termos de "opção preferencial pelos pobres". Medellín vincula de tal modo "sinal dos tempos" e compromisso com os pobres que eles aparecerão cada vez mais como o "sinal dos tempos" por excelência[28].

Certamente, há muitos sinais da presença de Deus no mundo e é preciso estar atento a eles e discerni-los. Mas, como diz Ignacio Ellacuria, "há em cada tempo um que é o principal, sob cuja luz se devem discernir e interpretar todos os demais. Esse

---

[27] Cf. GAUTHIER, P. *O concílio a Igreja dos pobres*. Petrópolis: Vozes, 1967; GAUTHIER, P. *O evangelho da justiça*. Petrópolis: Vozes, 1969.

[28] Convém recordar aqui com Jon Sobrino que "toda teologia se confrontou muito centralmente com o momento negativo da existência humana e da história dos seres humanos [pecado e culpa, condenação, morte, enfermidade, escravidão, sem sentido, pobreza, injustiça etc.]. [...] E confrontar-se com essa negatividade é essencial para a teologia, pois não se compreende a mensagem positiva da fé que pretende elaborar se não senão em relação à negatividade [...] De fato, isso ocorreu na história da teologia. O que tem variado é a determinação de qual seja em um determinado momento a negatividade mais central, aquela que melhor introduz, a partir do negativo, na totalidade da teologia [...] o que faz a teologia da libertação é determinar qual é hoje a negatividade fundamental [...] o sofrimento massivo, cruel, injusto e durador produzido pela pobreza np Terceiro Mundo" (SOBRINO, J. *El principio-misericordia. Bajar de la cruz a los pueblos crucificados*. Santander: Sal Terrae, 1992, p. 51s).

sinal é sempre o povo historicamente crucificado que junta à sua permanência a sempre distinta forma histórica de sua crucificação. Esse povo é a continuação histórica do servo de Yahvé, a quem o pecado do mundo continua tirando toda aparência humana, a quem os poderes deste mundo continuam despojando de todo, arrebatando até a vida, sobretudo a vida"[29].

Essa redescoberta da centralidade dos pobres na Igreja, formulada em termos de "Igreja dos pobres" ou de "opção pelos pobres", acabou revelando e superando limites e ambiguidades do próprio Concílio: "um Concílio universal, mas na perspectiva dos países ricos e de chamada cultura ocidental" (Ellacuría)[30] e, por isso mesmo, um Concílio pouco profético (Comblin)[31] e um Concílio que acabou nos legando "uma Igreja de classe média" (Aloísio Lorscheider)[32].

Se o Concílio teve o mérito incalculável de descentrar a Igreja, de abri-la e lançá-la ao mundo, "não historicizou devidamente o que era esse mundo, um mundo que deveria ter definido como um mundo de pecado e injustiça, no qual as imensas maiorias da humanidade padecem de miséria e injustiça"[33]. Não bastava abrir-se ao mundo. Era necessário determinar com maior clareza e precisão que mundo era esse (mundo estruturalmente injusto e opressor) e qual o lugar social da Igreja nesse

---

[29] ELLACURÍA, I. "Discernir 'el signo' de los tempos". In: *Escritos Teológicos II*. San Salvador: UCA, 2000, p. 133-135, aqui 134.
[30] ELLACURIA, I. "Pobres". In: *Escritos Teológicos II. Op. cit.*, p. 171-192, aqui p. 173.
[31] COMBLIN, J. *A profecia na igreja*. São Paulo: Paulus, 2009, p. 185s.
[32] TURSI, C. – FRENCKEN, G. (orgs.). Mantenham as lâmpadas acesas: Revisitando o caminho, recriando a caminhada. Um diálogo de Aloísio Cardeal Lorscheider com O Grupo. Fortaleza: UFC, 2008, p. 142.
[33] ELLACURÍA, I. "El auténtico lugar social de la Iglesia". In: *Escritos Teológicos II. Op. cit.*, p. 439-451, aqui p. 449.

mundo (mundo dos pobres e oprimidos)[34]. Aqui reside um dos maiores limites do Concílio. E aqui residem, indiscutivelmente, a força e a insuperabilidade de Medellín.

A Igreja que nasce em Medellín é verdadeiramente uma "Igreja dos pobres"[35]: uma Igreja pobre, uma Igreja faz "opção pelos pobres", uma Igreja que assume a causa dos pobres, uma Igreja de profetas e mártires que dão a vida pelos pobres, enfim, a Igreja de Jesus de Nazaré... E essa Igreja ganha novo impulso e vigor com o papa Francisco e seu empenho evangélico por uma "Igreja pobre e para os pobres" ou por uma "Igreja em saída para as periferias do mundo".

2. Clamores e resistências atuais

A característica mais importante e mais fundamental da Igreja que nasce em Medellín é sua inserção no mundo dos pobres e marginalizados. É verdade que muita coisa mudou de Medellín para cá. Tanto no que diz respeito à realidade social e eclesial, quanto no que diz respeito aos clamores e resistências dos pobres. E isso tem muitas implicações para a ação pastoral/evangelizadora da Igreja. Não no sentido dos pobres perderem a centralidade na Igreja (isso seria trair e renegar o Evangelho de Jesus Cristo!), mas na forma de inserção da Igreja no mundo dos pobres. Por essa razão, a Igreja precisa estar muito atenta, em cada tempo e lugar, para escutar, perceber e discernir nos clamores e nas resistências

---

[34] Cf. BEOZZO, J. O. "Prefácio". *Op. cit.*, p. 10.
[35] Cf. SOBRINO, J. *Ressurreição da verdadeira Igreja*. São Paulo: Loyola, 1982; BOFF, L. *E a Igreja se fez povo. Eclesiogênese: A Igreja que nasce da fé do povo*. Petrópolis: Vozes, 1991; AQUINO JÚNIOR, F. *Igreja dos pobres*. São Paulo: Paulinas, 2018.

dos pobres e marginalizados os sinais do Espírito do Senhor, que "atua a partir de baixo"[36]. Nunca pode dar isso por suposto. A realidade é muito mais complexa e dinâmica do que parece.

Nesse sentido, mas sem nenhuma pretensão de exaustão e desenvolvimento, indicaremos a seguir alguns ecos e expressões de clamores e resistências atuais (antigos e novos) dos pobres e marginalizados.

2.1. Clamores dos pobres e marginalizados

Medellín nasce da escuta atenta do "surdo clamor" e do "grito que sobe do sofrimento" das maiorias pobres e marginalizadas de nosso continente[37]. E, sempre de novo, é preciso escutar esse "surdo clamor" e esse "grito que sobe do sofrimento"; clamor/ grito ligado a distintas formas de injustiça, marginalização e indiferença.

a) Antes de tudo, a profunda *desigualdade social* que caracteriza nosso continente e nosso mundo: uma "injustiça que clama ao céu"[38]. Em Medellín, tornou-se comum falar de "estruturas injustas", de "situação de injustiça", de "violência institucionalizada", bem como da necessidade e urgência de "mudança de estrutura", de "novas e renovadas estruturas", de uma "ordem social justa". A palavra de ordem era: transformação da sociedade. E isso mobilizou amplos setores da Igreja e da sociedade. Hoje, curiosamente, muita gente tem escrúpulo de falar de transformação da sociedade, de transformação das estruturas. Amplos setores da esquerda, por

---

[36] Cf. CODINA, V. *El Espíritu del Señor actúa desde abajo*. Maliaño: Sal Terrae, 2015.
[37] Cf. CELAM. *Conclusões da Conferência de Medellín*. Op. cit., p. 195, n. 2.
[38] Cf. CELAM. *Conclusões da Conferência de Medellín*. Op. cit., p. 45, n. 1.

razões as mais diversas, reduzindo a política à "arte do possível", acabaram reduzindo a pauta política da esquerda, contentando-se com políticas sociais afirmativas (importantes e necessárias, sem dúvida!) e fortalecendo a tese de que não é possível nenhuma transformação mais profunda da sociedade[39]. Enquanto isso, e sob o domínio do "capital improdutivo", a desigualdade social cresce assustadora e desenfreadamente: 0,7% da população mundial detém 40,6% da riqueza total do mundo, enquanto 73,2% detém apenas 2,4%; 1% da população tem mais riqueza do que 99% restante do planeta; 8 indivíduos detêm a mesma riqueza que a metade mais pobre do mundo; entre 1988 e 2011, a renda dos 10% mais pobres aumentou cerca de US$ 65, enquanto a renda do 1% mais rico aumentou cerca de US$ 11.800, ou seja, 182 vezes mais[40]. E, nesse ponto, a situação de nosso país não é muito diferente, mesmo quando houve melhorias significativas da qualidade de vida das populações pobres[41].

b) Junto à desigualdade social, tão destacada em Medellín e apontada pelo papa Francisco como a "raiz dos males social"[42], a Igreja latino-americana foi percebendo pouco a pouco, a partir das dores, dos gritos e das lutas de mulheres, indígenas, negros e pessoas LGBTs, *outras formas de opressão, dominação, colonialismo e exclusão* que, embora na maioria das vezes esteja associada à desigualdade socioeconômica, não se restringem a ela: o *machismo/patriarcalismo* que se materializa em diferentes

---

[39] Cf. SAFATLER, V. *A esquerda que não teme dizer seu nome*. São Paulo: Três estrelas, 2014.
[40] Cf. DOWBOR, L. *A era do capital improdutivo*. São Paulo: Outras Palavras, 2017, p. 27ss.
[41] Para o caso específico do Brasil, cf.: https://www.nexojornal.com.br/expresso/2017/11/30/Como-est%C3%A1-a-desigualdade-de-renda-no-Brasil-segundo-o-IBGE https://oglobo.globo.com/economia/brasil-o-10-pais-mais-desigual-do-mundo-21094828 https://brasil.elpais.com/brasil/2017/09/22/politica/1506096531_079176.html
[42] PAPA FRANCISCO. *Exortação Apostólica Evangelii Gaudium*. São Paulo: Paulinas, n. 202.

formas de dominação, violência e marginalização e que está na raiz do crescente feminicídio que tem ceifado a vida de tantas mulheres; o *etnocentrismo* que provocou verdadeiros genocídios e etnocídios em nosso continente e que continua negando aos povos indígenas o direito a seus territórios e tratando suas culturas, com seus modos de vida, com suas sabedorias e tradições religiosas como atraso, superstição e empecilho ao desenvolvimento e ao progresso; o *racismo,* que escravizou e assassinou milhares de negros, que demonizou suas culturas e tradições religiosas, que os "libertou" das senzalas para viver na miséria e que, camuflado pela falsa democracia racial, continua marginalizando o povo negro a ponto de "ofender/diminuir alguém" ter se tornado em nossa cultura sinônimo de "tratar como negro" (denegrir); e a *homofobia* que tem causado tanto sofrimento interior, tanto preconceito e exclusão social e eclesial, tanta violência psíquica, espiritual, verbal e física e, cada vez mais, o assassinato cotidiano (com requintes de crueldade) a pessoas LGBTs.

c) A esses gritos foi se juntando cada vez mais o *grito da natureza*, espoliada e reduzida a recurso e/ou instrumento de acumulação de capital, com consequências drásticas para os pobres que vivem nas periferias e áreas de riscos e para as futuras gerações. Entre nós, na América Latina, Leonardo Boff tem ajudado muito no processo de consciência e mobilização socioambientais a partir da escuta do grito da terra. Sua contribuição mais importante e seu mérito maior nesse processo têm a ver com a percepção de que o grito da terra é inseparável do grito dos pobres e, vice-versa, que o grito dos pobres é inseparável do grito da terra. Ele tem ajudado a construir uma compreensão de ecologia que articula o grito da terra com o grito dos pobres. Aliás, esse é o título de sua obra mais importante sobre a problemática socioambiental: *Ecologia: grito da terra, grito dos pobres*[43]. Na mesma direção, um marco importante na escuta do grito da terra no grito do pobre foi a Encíclica *Laudato Si'* do Papa Francisco *Sobre o cuidado da casa comum* em 2015[44]. Criticando toda forma de "antropocentrismo despótico" (*LS* 68) e de "biocentrismo" cínico (*LS* 118), Francisco propõe uma *ecologia integral*, que tem como um de seus eixos fundamentais "a relação íntima entre os pobres e a fragilidade do planeta" (*LS* 16). Daí sua insistência em que "uma verdadeira abordagem ecológica sempre se torna uma abordagem social, que deve integrar a justiça nos debates sobre o meio ambiente, para ouvir tanto o clamor da terra como o clamor dos pobres" (*LS* 49, cf. 53, 117).

d) O recrudescimento da *violência física direta*, ligado a fatores de ordem econômica, social, cultural, psicológica e aliado ao poder do tráfico e ao crescimento do crime organizado, com índices alarmantes de assassinatos nas periferias de nossas cidades e entre as "chamadas" minorias sociais[45], é um lamento/grito que a cada dia ecoa com mais força e intensidade no extermínio da juventude pobre e negra de nossas periferias, na dor e no choro desesperado das mães que veem seus filhos assassinados ou que têm que abandonar seus barracos por ordem do tráfico e/ou para não serem executados, no feminicídio, no assassinato de pessoas

---

[43] Cf. BOFF, L. *Ecologia: grito da terra, grito dos pobres*. Dignidade e direitos da Mãe Terra. Edição revisada e ampliada. Petrópolis: Vozes, 2015.
[44] Cf. PAPA FRANCISCO. *Carta Encíclica Laudato si' Sobre o cuidado da casa comum*. São Paulo: Paulinas, 2015; MURAD, A. – TAVARES, S. (Org.). *Cuidar da casa comum*: Chaves de leitura teológicas e pastorais da *Laudato Si'*. São Paulo: Paulinas, 2016.
[45] Para o caso específico do Brasil, ver o Atlas da Violência 2018. Disponível em: http://www.ipea. gov.br/portal/images/stories/PDFs/relatorio_institucional/180604_atlas_da_violencia_2018.pdf

LGBTs, no desprezo social, nas políticas de higienização urbana, na violência policial e no assassinato da população em situação de rua (só na cidade de São Paulo, são cerca de 16 mil pessoas), dentre outros. É verdade que a violência é um fenômeno complexo que não pode ser simplificado e reduzido à agressão físico-direta. Oscar Romero e Ignacio Ellacuría, em contexto de guerra, chamaram atenção para as diferentes formas de violência, sua hierarquização e sua mútua implicação[46]. E a Campanha da Fraternidade da Igreja do Brasil em 2018 – Fraternidade e superação da violência – distinguiu três formas fundamentais de violência que se implicam mutuamente: violência direta, violência institucional e cultura da violência[47]. Por mais que a raiz da violência seja de ordem institucional-cultural, é em sua forma de agressão física que ela é mais direta e intensamente sentida e é aí que, de modo mais imediato e desesperado, ecoa o grito das vítimas[48], em sua imensa maioria: pobres-negros-mulheres-jovens-LGBTs...

e) Toda essa situação vem produzindo um *processo de des-solidarização humana*, corroendo de maneira intensa e progressiva os vínculos societários e gestando um modo de vida que o papa Francisco chamou em sua exortação apostólica *A alegria do Evangelho*[49], "cultura do descartável", (EG 53), "ideal egoísta"

---

[46] Cf. ROMERO, O. "Iglesia y organizaciones políticas populares: Tercera Carta Pastoral". In: SOBRINO, J. – MARTÍN-BARÓ, I. – CARDENAL, R. *La voz de los sin voz*: La palavra viva de Monseñor Romero. San Salvador: UCA, 2007, p. 91-121, aqui p. 113-120; ROMERO, O. "Misión de la Iglesia en médio de la crisis del país: Cuarta Carta Pastoral". In: SOBRINO, J. – MARTÍN-BARÓ, I. – CARDENAL, R. *La voz de los sin voz*: La palavra viva de Monseñor Romero. *Op. cit.*, p. 123-172, aqui p. 156-159; ELLACURÍA, I. "Comentarios a la Carta Pastoral". In: *Escritos Políticos II*: Veite años de historia em El Salvador (1969-1989). San Salvador: UCA, 1993, p. 679-732, aqui 712-732.

[47] Cf. CNBB. *Campanha da Fraternidade 2018*: Texto-Base. Brasília: Edições CNBB, 2017, p. 15-24.

[48] A propósito da situação de El Salvador, Cf. CALLIZO, J. – SCHWAB, B. – ZECHMEISTER, M. "Escuchar el grito de las víctimas: Impulsos desde la teología de la liberación". *Revista Latinoamericana de Teología* 102 (20117) p. 251-279.

[49] PAPA FRANCISCO. *Exortação Apostólica Evangelii gaudium*: Sobre o anúncio do Evangelho no

ou "globalização da indiferença", de que nos torna "incapazes de nos compadecer ao ouvir os clamores alheios" (EG 54). Trata-se de um modo de vida centrado nos próprios interesses em que tudo, inclusive as pessoas, valem apenas e na medida em que nos são úteis e/ou nos causam algum prazer ou satisfação. Isso tem levado à indiferença, ao sofrimento e aos dramas alheios, à banalização da vida humana, à naturalização e espetacularização midiática da violência, à indiferença ou mesmo ao apoio a práticas de linchamento coletivo e/ou extermínio de pessoas pela polícia ou por grupos paramilitares, à apologia à tortura e aos torturados, ao crescente apoio à pena de morte e à tese de que "bandido bom é bandido morto", ao crescimento eleitoral de candidatos militares com políticas de segurança centradas no encarceramento e na execução de pessoas pobres etc. E se isso tem consequências para o conjunto da sociedade, repercute de maneira direta e dramática na vida dos pobres por sua situação de vulnerabilidade social e incapacidade de fazer valer seus direitos fundamentais. Basta pensar no que essa "indiferença" ou cumplicidade social significa para as populações pobres das periferias ou que vivem nas ruas de nossas cidades, para os encarcerados ou para os imigrantes que tentam ganhar a vida na Europa ou, mais perto de nós, nos EUA...

2.2. Resistências dos pobres e marginalizados

Dizíamos que Medellín nasce da escuta atenta do "surdo clamor" e do "grito que sobe do sofrimento" das maiorias pobres e marginalizadas de nosso continente. Escuta atenta que envolve,

---

mundo atual. São Paulo: Paulinas, 2013.

obriga e compromete. Daí que o dinamismo eclesial desencadeado por Medellín seja caracterizado radicalmente pela inserção no mundo dos pobres, pelo envolvimento com suas vidas e pelo compromisso com suas causas e suas lutas. Isso foi despertando e aguçando a sensibilidade da Igreja latino-americana para as mais diversas formas de resistência popular. E sempre de novo é preciso voltar a esse ponto: perceber e se envolver com o pulsar desesperado e criativo da vida nas diferentes formas de resistência e luta dos pobres e marginalizados.

a) Antes de tudo, a *luta cotidiana pela sobrevivência*. É a luta primeira e mais fundamental: a luta para viver, para continuar vivo. Uma verdadeira luta. Para muita gente, viver é uma luta e estar vivo é uma conquista – um verdadeiro milagre. É preciso estar atento e perceber os caminhos e as formas que o povo encontra ou inventa para ganhar a vida e continuar vivendo: comer, morar, trabalhar, proteger-se, cuidar da saúde, criar os filhos, afirmar sua dignidade, defender seus direitos, ajudar os outros, festejar, viver a fé etc. Aquilo que Jon Sobrino chamava de "santidade primordial" ou "santidade do viver": "O anelo de viver e sobreviver no meio de grandes sofrimentos, a decisão e os trabalhos por lográ-lo, com criatividade sem limites, com fortaleza, com constância, desafiando inumeráveis dificuldades e obstáculos"[50] e "junto ao impulso do próprio viver, além da solidariedade de uns com os outros [...] surge também a solidariedade mais primária"; é a "decisão primária de viver e dar vida"[51]. Aquilo que o papa Francisco chama em sua Exortação Apostólica *Gaudete et exsultate* de san-

---

[50] SOBRINO, J. *Terremoto, terrorismo, barbárie y utopia*: El Salvador, Nueva York, Afeganistá. Madrid: Trotta, 2002, p. 126.
[51] SOBRINO, J. *Terremoto, terrorismo, barbárie y utopia*. Op. cit., p. 36 e 37.

tidade do dia a dia ou santidade ao "pé da porta", presente ""nos pais que criam os seus filhos com tanto amor, nos homens e mulheres que trabalham a fim de trazer o pão para casa, nos doentes, nas consagradas idosas que continuam a sorrir"[52] etc. É aqui que se enraízam e se nutrem as mais diversas formas de resistência e luta populares.

b) Em segundo lugar, o *fortalecimento dos laços de solidariedade*. Seja de modo mais *espontâneo e pontual* e, até mesmo, condicionado pela situação de necessidade comum: partilha entre vizinhos ou entre companheiros que vivem a mesma situação; cuidado dos doentes e das pessoas com necessidades especiais, indignação contra o preconceito e a violência, afetos, festa, partilha de vida etc. Seja pela *afinidade* familiar, comunitária, sexual, cultural e/ou afinidade no sofrimento. Seja em *comunidades de fé*, onde se alimenta a esperança e se encontra forças para enfrentar as dificuldades da vida na intimidade com o Senhor, na vida fraterna e no compromisso com os irmãos necessitados. Seja por meio de *ONGs e/ou projetos sociais* que reúnem pessoas, fortalecem os laços entre elas e, por meio de atividades lúdicas, artísticas, econômicas, sociais e religiosas, atendem a necessidades e direitos fundamentais, recuperam a autoestima das pessoas, liberam suas energias e capacidades criativas para sonhar e refazer a vida[53]. Certamente, há muita

---

[52] PAPA FRANCISCO. *Exortação Apostólica Gaudete et exsultate*: Sobre a chamada à santidade no mundo atual. São Paulo: Paulinas, 2018, n. 7.
[53] Cf. AQUINO JÚNIOR, F. "'Tudo tem jeito. Só não tem jeito para a morte'. A esperança que vem das ruas e dos lixões". In: *A dimensão socioestrutural do reinado de Deus*: Escritos de teologia social. São Paulo: Paulinas, 2011, p. 197-212; AQUINO JÚNIOR, F. "Entre ruas: fé e esperança de um povo. Espiritualidade da pastoral do povo da rua". In: *Viver segundo o espírito de Jesus Cristo*: Espiritualidade como seguimento. São Paulo: Paulinas, 2014, p. 47-58; SANTIAGO, A. (org.). *Esticadores de horizontes*: Narrativas juvenis sobre vidas reinventadas. Fortaleza: Expressão Gráfica e Editora, 2017.

ambiguidade em tudo isso – e onde não há ambiguidade? Mas essas formas e esses espaços de solidariedade, com todas as suas contradições, têm sido fonte de vida e de esperança para muita gente e, se potencializadas social e politicamente, podem fazer avançar muito na luta e na conquista de direitos.

c) Em terceiro lugar, as *lutas e organizações populares*. Tanto em suas formas mais clássicas e institucionais: sindicatos, cooperativas, associações, organizações camponesas e operárias, greves, movimentos de massa, ocupações etc. Quanto em suas formas mais recentes mais ou menos pontuais e/ou espontâneas: novos sujeitos (indígenas, feministas, LGBTs, catadores de material reciclável, população de rua, estudantes, comunidades camponesas e das periferias urbanas etc.), novas formas de organização e mobilização (em torno de questões específicas e pontuais, articulação em redes, importância da emoção e do lúdico, sensibilidade a questões étnico-raciais e de gênero, redes sociais etc.) e novos horizontes utópicos que integrem melhor questões econômicas, ambientais, étnico-raciais, religiosas, de gênero etc. Essas lutas e organizações populares aprofundam os laços de solidariedade, alargam os horizontes da vida e dos direitos, qualificam as estratégias de luta, articulam, ampliam e fortalecem a força dos pequenos e sua capacidade de movimentar a sociedade para fazer valer seus direitos. Por isso mesmo, o papa Francisco, em seus encontros mundiais com os movimentos populares[54], insistiu tanto na importância desses movimentos para o processo de transformação da sociedade:

---

[54] Cf. PAPA FRANCISCO. *Discurso do Papa Francisco aos participantes do Encontro Mundial dos Movimentos Populares*. Brasília: CNBB, 2015; IDEM. *Discurso do Papa Francisco no II Encontro Mundial dos Movimentos Populares*. Brasília: CNBB, 2015; IDEM. *Discurso do Papa Francisco aos participantes do III Encontro Mundial dos Movimentos Populares*. Brasília: CNBB, 2016; AQUINO JÚNIOR, F. *Organizações populares*. São Paulo: Paulinas, 2018.

são portadores de uma "torrente de energia moral", "expressam a necessidade urgente de revitalizar nossas democracias", são "semeadores da mudança" e do "vento de promessa que reacende a esperança de um mundo melhor", enfim, são "como uma bênção para a humanidade".

d) Em quarto lugar, os *partidos políticos de esquerda*. É um tema complexo, conflitivo e delicado, sobretudo no contexto atual de crise mundial das esquerdas e das tensões e divisões em torno das experiências de governos populares na América Latina; um tema que divide a própria esquerda, os movimentos sociais, a Igreja dos pobres e os setores progressistas em geral; mas um tema que precisa ser enfrentado com criticidade e criatividade, uma vez que diz respeito à regulamentação política da sociedade e que isso tem enormes consequências na vida do povo. Certamente, já não há espaço para idealismos ingênuos com relação às possibilidades reais de transformação da sociedade por meio de partidos e governos. As experiências recentes mostraram os limites institucionais e políticos de sua atuação. Tampouco há espaço para instrumentalização e aparelhamento dos movimentos e organizações populares por partidos e governos. Também, aqui, as experiências recentes mostraram as consequências trágicas dessa prática equivocada e donosa em muitos setores da esquerda. Mas isso não pode levar, em hipótese nenhuma, a uma espécie de indiferença partidária nem muito menos a um antipartidarismo que só favorece aos interesses das elites. Partidos e governos nem são suficientes nem podem tudo, mas são importantes e são necessários. E a conjuntura atual exige da esquerda autocrítica em relação às experiências de governo e ousadia e criatividade na formulação e viabilização de projetos e estratégias políticos populares, o que só será possível mediante unidade das esquerdas[55] e disposição de construção e viabilização de um projeto político de esquerda, centrado na luta contra a desigualdade social e econômica, na justiça socioambiental e na soberania popular[56].

e) Finalmente, em quinto lugar, a *articulação continental e mundial das forças e organizações populares*. Já existem muitas experiências nesse sentido: partidos, sindicatos, movimentos feministas, movimentos camponeses, movimentos indígenas, movimento dos catadores de material reciclável, movimento contra mineração, fórum social mundial etc. E, em tempos de globalização do capital e de expansão da lógica do mercado nas diversas dimensões e nos diferentes espaços da vida, é mais urgente ainda a globalização da solidariedade e da luta pela justiça. Se a globalização do mercado se faz a partir de cima e produz exclusão social, injustiça socioambiental e cultura da indiferença; a globalização da solidariedade se faz a partir de baixo e vai criando possibilidades de vida para os pobres e marginalizados, refazendo os vínculos sociais e criando uma cultura da solidariedade, centrada no bem comum e na justiça socioambiental. Nesse sentido, e mais do que nunca, é preciso e urgente fortalecer e ampliar os vínculos e as articulações entre as diversas forças populares em nível continental e mundial: partidos de esquerda, movimentos e organizações populares, Igreja dos pobres etc. Não podemos nos fechar em nossas regiões, em nossos movimentos e em nossas lutas. Até porque não estamos desconectados do mundo e o que acontece no local está muito mais

---

[55] Cf. SANTOS, B. *Esquerdas do mundo, uni-vos!* São Paulo: Boitempo, 2018.
[56] SAFATLE, W. *A esquerda que não teme dizer seu nome*. Op. cit.

determinado por fatores globais do que pode parecer. A injustiça é global e a luta contra a injustiça tem que ser também global. É claro que o global se materializa no local ou em situações particulares concretas e é ai que ele tem que ser enfrentado.

A MODO DE CONCLUSÃO

Falamos da importância da Constituição Pastoral *Gaudium et Spes* e de sua incipiente teologia dos "sinais dos tempos" no processo de recepção do Concílio Vaticano II em Medellín. Falamos de sua concretização em termos de inserção na realidade latino-americana e, mais concretamente, em termos de opção pelos pobres. E indicamos alguns ecos e/ou expressões atuais (antigos e novos) dos clamores e das resistências dos pobres e marginalizados em nosso continente – "sinal dos tempos" por excelência ao qual devemos estar muito atentos, com o qual devemos nos envolver e a serviço do qual devemos entregar nossas vidas.

A pergunta que não quer calar é até que ponto os pobres e marginalizados com seus clamores e suas resistências continuam sendo a preocupação maior de nossa Igreja. Se isso já não foi tranquilo em Medellín e foi se tornando cada vez mais controverso nas décadas de 70 e 80, hoje, não obstante a insistência profética do papa Francisco, parece algo estranho em nossa Igreja que tem coisas mais "importantes" (mais "religiosas", mais "sagradas", mais "espirituais") para cuidar. Haveria que perguntar, inclusive, até que ponto os clamores e as resistências dos pobres e marginalizados estão no centro das preocupações e do quefazer teológicos na América Latina.

Em todo caso, e a modo de conclusão, queremos insistir com Medellín que "não basta refletir, conseguir mais clarividência e falar. É necessário agir. A hora atual não deixou de ser a hora da palavra, mas já se tornou, com dramática urgência, a hora da ação. Chegou o momento de inventar com imaginação criadora a ação que cabe realizar e que, principalmente, terá de ser levada a cabo com a audácia do Espírito e o equilíbrio de Deus"[57].

Importa assumir, hoje, com todas as consequências teóricas e práticas, a centralidade dos pobres na Igreja: suas vidas, seus clamores, suas esperanças, suas resistências e suas lutas. E convém recordar e insistir com o papa Francisco que isso "não é uma tarefa a mais, mas talvez a mais importante porque 'os pobres são os destinatários privilegiados do Evangelho'"[58]. Em suas vidas e em suas mortes, como afirmava São Romero, está em jogo a glória de Deus neste mundo: "A glória de Deus é o pobre que vive"[59]. Que vivamos dessa glória e para essa glória...

---

[57] CELAM. *Conclusões da Conferência de Medellín. Op. cit.*, p. 88, n. 3.
[58] Disponível em: http://w2.vatican.va/content/francesco/pt/speeches/2015/november/documents/papa-francesco_20151127_kenya-kangemi.html
[59] ROMERO, O. "La dimensión política de la fe desde la opción por los pobres". In: SOBRINO, J. – MARTÍN-BARÓ, I. – CARDENAL, R. *La voz de los sin voz*: La palavra viva de Monseñor Romero. *Op. cit.*, 181-193, aqui p. 193.

V

COMUNIDADES ECLESIAIS DE BASE: *DESAFIOS E PERSPECTIVAS*

Embora se possa discutir se a Constituição Dogmática *Lumen Gentium* deva ser considerada a "pedra angular" de todos os documentos conciliares[1], não se pode negar que, desde o final da primeira seção, sob forte influência dos cardeais Suenens e Montini, foi se impondo cada vez mais a tese de que a discussão sobre a Igreja era o grande objetivo do Concílio. E, nessa discussão, um ponto fundamental diz respeito à estrutura social da Igreja, que é inseparável de sua missão de ser "sinal e instrumento" de salvação ou do reinado de Deus neste mundo.

É verdade que o Vaticano II não superou completamente a compreensão clerical clássica da Igreja, formulada em termos de "hierarquia e laicato". Mas, ao começar falando do "povo de Deus" e, só depois, distinguir nesse povo os vários carismas e ministérios, o Concílio lançou as bases para uma compreensão da Igreja como "comunhão", que depois será explicitada e formulada em termos de "comunidade – carismas e ministérios"[2].

---
[1] Cf. PHILIPS, Mons. *A Igreja e seu mistério no II Concílio do Vaticano*. História, texto e comentário da Constituição *Lumen Gentium*. Tomo I. São Paulo: Herder, 1968, p. 1.

[2] Cf. CNBB. *Missão e ministério dos cristãos leigos e leigas*. São Paulo: Paulinas, 2012, n. 104-105.

Essa nova compreensão da Igreja encontrou nas Comunidades Eclesiais de Base (CEBs) na América Latina sua expressão mais básica, mais criativa e mais fecunda. A Igreja como povo de Deus, com seus carismas e ministérios realiza-se primariamente em comunidades concretas, que se constituem como lugar de oração, de vida fraterna e de compromisso com os pobres e marginalizados e como lugar onde se exercitam e se desenvolvem carismas e ministérios importantes e necessários para a vida da comunidade e o exercício de sua missão no mundo. Essas comunidades de base são em si mesmas e simultaneamente "sinal" (expressão) e "instrumento" (mediação) de salvação ou do reinado de Deus nesse mundo.

Aqui está uma das intuições e uma das marcas mais importantes e mais originais do processo de recepção do Concílio na América Latina: A tradução/concretização do "povo de Deus" em termos de "comunidade eclesial de base". Certamente, a Igreja como povo de Deus não se esgota na comunidade de base, mas tem aí sua expressão mais elementar e mais fundamental. E, certamente, a Igreja latino-americana desenvolveu muitos outros processos criativos e fecundos de comunhão eclesial (colegialidade episcopal, compreensão e exercício do ministério episcopal e presbiteral, vida religiosa inserida, carismas e ministérios, estruturas de coordenação pastoral etc.), mas todos esses processos, de alguma forma, estão vinculados a essa expressão básica e fundamental do povo de Deus, que é a comunidade eclesial de base.

As CEBs marcaram decisivamente o processo de recepção do Concílio na América Latina e por décadas se impuseram como o fato eclesial e social mais importante de nossa Igreja. E sobre elas já se escreveu muito, tanto do ponto de vista teológico-eclesial, quanto do ponto de vista sociocultural[3]. Um aspecto decisivo, embora tenso e ambíguo, para essa importância das Cebs é o caráter institucional que elas adquirem nas conferências de Medellín e Puebla. Elas aparecem nos documentos finais dessas conferências não apenas como uma experiência identificada e até valorizada na América Latina, mas como projeto pastoral ou, em todo caso, como parte integrante e fundamental do projeto pastoral que se desenha e se propõe para o conjunto da Igreja latino-americana. É verdade que isso nunca foi tão tranquilo e consensual como pode parecer à primeira vista e que foi, inclusive, um dos pontos tensos e controversos em Puebla. Mas não se pode minimizar o fato de que, em meio a tensões e conflitos, elas foram assumidas oficialmente como orientação/proposta pastoral para todo o continente e que isso foi assumido por uma parte significativa da Igreja e em um contexto de crescente mobilização e organização social na América Latina.

E é sobre esse ponto específico que vamos tratar, apresentando a compreensão de CEBs, que aparece nas conferências de Medellín e de Puebla, e indicando desafios e perspectivas para as CEBs no contexto eclesial que progressivamente vai se desenhando e se impondo na América Latina a partir dos anos 80.

---

[3] Cf. MATOS, Henrique Cristiano José de. *CEBs*: Uma interpelação para ser cristão hoje. São Paulo: Paulinas, 1985; MUÑOZ, Ronaldo. *A Igreja no povo*: Para uma eclesiologia latino-americana. Petrópolis: Vozes, 1985; TEIXEIRA, Faustino Luiz Couto. *A gênese das CEBs no Brasil*: Elementos explicativos. São Paulo: Paulinas, 1988; BOFF, Leonardo. *E a Igreja se fez povo*. Eclesiogênese: A Igreja que nasce da fé do povo. Petrópolis: Vozes, 1991; BOFF, Clodovis [et al.] *As Comunidades de Base em questão*. São Paulo: Paulinas, 1997.

1. CEBs nas conferências de Medellín e Puebla

Vamos começar mostrando como as CEBs aparecem e são tratadas nos documentos finais dessas conferências: em que contexto ou parte do documento elas aparecem e como elas são compreendidas e apresentadas aí. Trata-se de uma abordagem textual (centrada no texto) e de cunho analítico (análise ou exame do texto); uma abordagem limitada que prescinde ou pelo menos não explicita nem desenvolve aspectos importantes e determinantes da própria redação do texto (o que está por trás do texto); mas que é muito importante para compreender a recepção do documento e o dinamismo eclesial que essa recepção produz (uso do texto).

a) Documento de Medellín

Medellín marca oficialmente o processo de recepção do Concílio na América Latina e faz isso mediante processo de inserção da Igreja na realidade latino-americana e de compromisso com os pobres e marginalizados e suas lutas por libertação, como bem indica o tema central dessa conferência: "A Igreja na atual transformação da América Latina à luz do Concílio Vaticano II"[4]. E é nesse contexto e nesse horizonte mais amplos da conferência que se deve situar e entender o lugar, a importância e a compreensão das CEBs no documento final.

---

[4] Cf. AQUINO JÚNIOR, Francisco. "Medellín – centralidade dos pobres na Igreja: Clamores e resistências atuais". *Revista Horizonte* 16/50 (2018) 576-599. Disponível em: http://periodicos.pucminas.br/index.php/horizonte/article/view/P.2175-5841.2018v16n50p576/13554

Embora haja referências pontuais no texto sobre catequese[5], no texto sobre a liturgia[6] e no texto sobre a formação do clero[7], é na terceira parte do documento que se trata da "Igreja e suas estruturas" e mais concretamente no texto dedicado à pastoral de conjunto que se trata das CEBs ou das "comunidades cristãs de base".

Como todos os textos do Documento de Medellín, o texto sobre pastoral de conjunto está estruturado em três partes. Começa constatando alguns "fatos" referentes às estruturas pastorais na América Latina. Oferece algumas "orientações doutrinais" a serem consideradas no processo de revisão e renovação das estruturas eclesiais. E, por fim, apresenta algumas "orientações pastorais" para a renovação das estruturas eclesiais em vista de uma pastoral de conjunto.

E é precisamente na terceira parte do texto que se trata das CEBs. Falando da renovação das estruturas pastorais, apresenta vários âmbitos de vivência eclesial e articulação pastoral (comunidades cristãs de base; paróquias, vicariatos forâneos e zonas; dioceses; conferências episcopais; organismos continentais) e outras exigências da pastoral de conjunto (renovação pessoal e planejamento pastoral).

As "comunidades cristãs de base" aparecem, assim, no contexto mais amplo da estrutura eclesial e como âmbito primeiro e mais fundamental de comunhão eclesial: como "comunidade local ou ambiental" deve ter "uma dimensão tal que permita a convivência pessoal fraterna entre seus membros"; deve se cons-

---

[5] Cf. CELAM. "Conclusões de Medellín". In: *Conclusões da Conferência de Medellín – 1968*. Trinta anos depois, Medellín ainda é atual? São Paulo: Paulinas, 2010, p. 129.
[6] Cf. *Ibidem*, p. 140.
[7] Cf. *Ibidem*, p. 190.

tituir sempre mais em "família de Deus", "comunidade de fé, esperança e caridade"; é o "primeiro e fundamental núcleo eclesial", responsável, em seu nível, pela "riqueza e expansão da fé" e pelo "culto que é sua expressão"; é "célula inicial da estrutura eclesial e foco de evangelização e, atualmente, fator primordial da promoção humana e do desenvolvimento"; fundamental para essas comunidades são seus "líderes ou dirigentes" (desejável que pertençam à comunidade, sua escolha e formação deve ter "acentuada preferência na preocupação de párocos e bispos"); seus membros devem exercer as funções "sacerdotal, profética e real", fazendo da comunidade "um sinal da presença de Deus no mundo"; recomenda-se "estudos sérios, de caráter teológico, sociológico e histórico, a respeito dessas comunidades cristãs de base" e que "as experiências que forem realizadas sejam divulgadas pelo CELAM e coordenadas na medida do possível"; isso deve levar a "fazer da paróquia um conjunto pastoral vivificador e unificador das comunidades de base"[8].

Em síntese, elas são apresentadas e propostas 1) como pequenas comunidades que permitem a "convivência pessoal fraterna"; 2) como "comunidades de fé, esperança e caridade"; 3) como "primeiro e fundamental núcleo eclesial" ou "célula inicial da estrutura eclesial" e como renovação da paróquia; 4) como "foco de evangelização" e "fator primordial de promoção humana"; 5) como comunidades que têm seus "líderes ou dirigentes" e em que todos os membros assumem a missão "sacerdotal, profética e real"; 6) enfim, como "um sinal da presença de Deus no mundo".

---

[8] Ibidem, p. 207ss.

b) Documento de Puebla

A Conferência de Puebla acontece em meio a um processo intenso e tenso de renovação pastoral da Igreja latino-americana. Ela recolhe os frutos de uma década fecunda de renovação pastoral a partir do compromisso com os pobres e se enfrenta com a crescente e, cada vez mais, articulada resistência e oposição ao dinamismo eclesial desencadeado por Medellín. Dom Aloísio Lorscheider, que foi um dos co-presidentes de Puebla, chama atenção para as tentativas de "neutralizar Medellín" por parte de um grupo de bispos e com apoio do Vaticano. Falando das polêmicas em torno da opção pelos pobres, diz que, em determinado momento, o cardeal Baggio, representante do Vaticano na conferência, "queria telegrafar para o papa [João Paulo II] para dizer que suprimisse o capítulo primeiro da quarta parte do documento que trata da 'opção preferencial pelos pobres'"[9]. No final, acabou prevalecendo e se impondo a posição que confirmava as linhas fundamentais de Medellín, dentre elas a importância e centralidade das CEBs na Igreja[10].

Em sintonia com a Exortação Apostólica *Evangelii Nuntiandi* sobre a evangelização no mundo contemporâneo, Puebla tratou da "evangelização no presente e no futuro da América Latina". O Documento Final está organizado em cinco partes: visão pastoral da realidade latino-americana, desígnio

---

[9] TURSI, Carlo – FRENCKEN, Geraldo. *Mantenham as lâmpadas acesas*: Revisitando o caminho, recriando a caminhada. Um diálogo de Aloísio Cardeal Lorscheider com O Grupo. Fortaleza: UFC, 2008, p. 79s.

[10] Cf. BOFF, Leonardo. *O caminhar da Igreja com os oprimidos*: Do Vale de Lágrimas à Terra Prometida. Rio de Janeiro: CODECRI, 1981, p. 82-96; TEIXEIRA, Faustino Luiz Couto. *A gênese das CEB's no Brasil*: Elementos explicativos. São Paulo: Paulinas, 1988, p. 290-303; SOUZA, Luiz Alberto Gomes. "A caminhada de Medellín a Puebla". *Perspectiva Teológica* 31 (1999) p. 223-234.

de Deus sobre a realidade latino-americana, evangelização na Igreja da América Latina, Igreja missionária a serviço da evangelização na América Latina, sob o dinamismo do Espírito: opções pastorais.

Embora haja muitas referências pontuais às CEBs ao longo do documento, elas são abordadas de modo mais amplo e sistemático na terceira parte do documento dedicada à "evangelização na Igreja da América Latina", concretamente no primeiro capítulo, que trata dos "centros de comunhão e participação": família, comunidades eclesiais de base, paróquia, Igreja particular. São abordadas, portanto, no contexto mais amplo da Igreja, como "povo de Deus" (comunhão e participação), que se realiza "em diversos níveis e sob diversas formas históricas"[11].

O texto está estruturado em três pontos.

O primeiro ponto faz algumas constatações sobre a "situação" da Igreja na América Latina em seus diversos níveis. Com relação às "pequenas comunidades, sobretudo as comunidades eclesiais de base" (esse "sobretudo" é novo em relação a Medellín!): constata que elas "criam maior inter-relacionamento pessoal, aceitação da Palavra de Deus, revisão de vida e reflexão sobre a realidade à luz do Evangelho" e que nelas se acentua o "compromisso com a família, com o trabalho, o bairro e a comunidade local"; destaca com "alegria" e como "fato eclesial relevante e caracteristicamente nosso" e, até mesmo, como "esperança da Igreja" sua "multiplicação", sobretudo "na periferia das grandes cidades e no campo"; reconhece que elas são um "ambiente propício para o surgimento de novos serviços leigos" e que nelas "a catequese

---

[11] CELAM. *Evangelização no presente e no futuro da América Latina*. Conclusões da Conferência de Puebla: Texto Oficial. São Paulo: Paulinas, 1986, n. 618.

familiar e a educação dos adultos na fé" têm se difundido e se desenvolvido de "forma mais adequada ao povo simples"; e afirma que "não se deu suficiente atenção à formação" das lideranças e que talvez por isso alguns membros de comunidade ou algumas comunidades "vão perdendo o autêntico senso eclesial"[12].

O segundo ponto oferece elementos para uma "reflexão doutrinal": "o cristão vive em comunidade sob a ação do Espírito Santo", que é princípio de "unidade e comunhão" e de "unidade e variedade de estados de vida, ministérios e carismas"; "nas pequenas comunidades cresce a experiência de novas relações interpessoais na fé, o aprofundamento da palavra de Deus, a participação na eucaristia, a comunhão com os pastores da Igreja particular e um maior compromisso com a justiça na realidade social dos ambientes em que se vive"; CEB: a) "enquanto *comunidade*, integra famílias, adultos e jovens, numa íntima relação interpessoal na fé", b) "enquanto *eclesial*, é comunidade de fé, esperança e caridade, celebra a palavra de Deus e se nutre da eucaristia [...], realiza a palavra de Deus na vida, por meio da solidariedade e compromisso com o mandamento novo do Senhor e torna presente e atuante a missão eclesial e a comunhão visível com os legítimos pastores, por intermédio do ministério de coordenadores aprovados", c) "é de *base* por ser constituída de poucos membros, em forma permanente e à guisa de célula da grande comunidade"; seus membros "procuram uma vida mais evangélica no seio do povo, colaboram para questionar as raízes egoístas e de consumismo da sociedade e explicitam a vocação para a comunhão com Deus e com os irmãos, oferecendo um valioso ponto de

---

[12] *Ibidem*, n. 629-630.

partida para a construção duma nova sociedade, 'a civilização do amor'"; as CEBs "são expressão de amor preferencial da Igreja pelo povo simples; nelas se expressa, valoriza e purifica sua religiosidade e se lhe oferece possibilidade concreta de participação na tarefa eclesial e no compromisso de transformar o mundo"[13].

O terceiro ponto apresenta algumas "linhas pastorais": "queremos resolutamente promover, orientar e acompanhar as comunidades eclesiais de base, de acordo com o espírito de Medellín e os critérios da *Evangelii Nuntiandi*"; "favorecer o descobrimento e a formação gradual de animadores para elas"; buscar meios de adaptação "à pastoral das grandes cidades do nosso continente"[14].

Em linhas gerais, retoma-se e reafirma-se o que se diz em Medellín com alguns matizes e destaques: 1) aparece uma distinção entre pequenas comunidades e CEBs; 2) explicita-se melhor a identidade das CEBs enquanto *comunidade* (poucos membros, relação interpessoal) *eclesial* (fé-esperança-caridade, palavra de Deus e sacramentos, palavra de Deus na vida, missão, comunhão com os pastores) de *base* (poucos membros, permanente, célula da grande Igreja, expressão do amor preferencial da Igreja pelo povo simples); 3) reafirma-se a participação de todos na tarefa eclesial e o compromisso com a justiça, a transformação do mundo e a construção da nova sociedade; 4) destaca-se o desafio da formação de lideranças e de adaptação nas grandes cidades; 5) e reafirma-se o compromisso de "promover, orientar e acompanhar" as CEBs de acordo com "o espírito de Medellín e os critérios da *Evangelii Nuntiandi*".

---

[13] *Ibidem*, n. 638-643.
[14] *Ibidem*, n. 648.

2. Desafios e perspectivas

As CEBs aparecem em Medellín e Puebla no contexto e no horizonte mais amplos de recepção do Concílio e renovação da Igreja na América Latina: o "povo de Deus" tem sua concretização mais básica e elementar na "comunidade eclesial de base" e a missão de ser "sinal e instrumento" de salvação ou do reinado de Deus no mundo se realiza na vida fraterna e no compromisso com os pobres e marginalizados. Elas aparecem, portanto, como elemento fundamental da estrutura da Igreja ("primeiro e fundamental núcleo eclesial", "célula inicial da estrutura eclesial") e como lugar e forma privilegiados de exercício de sua missão no mundo (vida fraterna, opção pelos pobres e compromisso com a justiça) e são apresentadas oficialmente como projeto pastoral ou, em todo caso, como elemento fundamental do projeto pastoral que se desenha e se propõe para o conjunto da Igreja.

Esse aspecto institucional das CEBs foi fundamental para o seu desenvolvimento quantitativo e qualitativo e para sua importância na Igreja e na sociedade. Não obstante suas ambiguidades e contradições, sem ele não se pode entender adequadamente as CEBs nem muito menos o florescimento e o impacto socioeclesial que tiveram nas décadas de 70 e 80. Tanto que, na medida em que a Igreja latino-americana, sobretudo a partir da segunda metade dos anos 80, vai tomando outros rumos pastorais, as CEBs vão progressivamente perdendo força, relevância e espaço no conjunto da Igreja.

É verdade que se continuará falando de CEBs na Igreja, inclusive nos documentos do CELAM e das conferências episcopais.

Mas, além das suspeitas, advertências e correções que normalmente acompanham ou estão por trás dessas falas, a perspectiva eclesial é bem outra: Por um lado, as CEBs já não aparecem mais como o "núcleo fundamental" ou a "célula inicial" da estrutura eclesial, mas como uma organização ou mesmo como um movimento entre outros. Por outro lado, e isso é ainda mais determinante e decisivo, vai se impondo uma compreensão de missão ou evangelização (a chamada "nova evangelização") de caráter marcadamente religioso e doutrinal que, embora não negue explícita e teoricamente, na prática, aos poucos, vai relativizando e mesmo prescindindo do envolvimento com os problemas sociais e do compromisso com os pobres e a justiça social. Trata-se de um processo progressivo (mais prático que teórico) de fechamento ao mundo e autocentramento eclesial.

Se as CEBs nasceram e se desenvolveram em um contexto de renovação eclesial e como parte ou elemento essencial desse contexto, a partir da segunda metade dos anos 80, elas se encontrarão em um contexto eclesial extremamente adverso, tanto do ponto de vista da estrutura eclesial, quanto, sobretudo, do ponto de vista da ação pastoral-evangelizadora. Se antes eram assumidas e propostas oficialmente como parte ou aspecto essencial do projeto pastoral para toda a Igreja latino-americana, perderam essa centralidade institucional e, na melhor das hipóteses, são aceitas e/ ou toleradas como uma possibilidade entre outras, mas não mais como elemento essencial para toda a Igreja.

Essa perda de centralidade institucional repercutiu muito na importância e no lugar da CEBs no conjunto da Igreja. Por um lado, é cada vez menor o número de comunidades que se reconhecem como CEBs e, menor ainda, o número de comunidades que se identificam e assumem com convicção essa forma de ser Igreja. Boa parte das comunidades que existem hoje e de suas lideranças nunca ouviu falar de CEBs. Por outro lado, esse modo de ser Igreja, comprometido com os pobres e marginalizados e suas lutas e organizações, é cada vez mais marginal e estranho na Igreja. A imensa maioria das comunidades está reduzida a culto e doutrina e tem um caráter marcadamente devocional-pentecostal.

Fato é que esse jeito de ser Igreja foi sendo progressivamente sufocado e marginalizado no conjunto da Igreja. E não só do ponto de vista da orientação e condução pastoral por parte dos ministros ordenados, mas também, e o que é pior, do ponto de vista das bases da Igreja e de suas lideranças. Sem esquecer nem desconsiderar o papel decisivo das mídias religiosas de cunho pentecostal-devocional-conservador (católicas e protestantes) na construção do imaginário religioso e na vivência da fé. Temos uma Igreja profundamente autocentrada e clerical. Isso ajuda compreender, inclusive, as resistências que o papa Francisco tem encontrado em seu projeto de renovação eclesial – um verdadeiro "cisma branco" em que, mesmo quando não se faz críticas abertas e até se tece elogios a ele ("o santo padre") e o cita (muito seletivamente!), não se leva a sério ou mesmo se boicota suas orientações pastorais[15]. E tudo isso desafia as CEBs a repensar seu *lugar* (cada vez mais marginal) e sua *atuação* (cada vez mais profética) no conjunto da Igreja.

Nesse "novo" contexto eclesial, as CEBs ocupam um *lugar marginal* no conjunto da Igreja. Em geral, na melhor das hipóte-

---

[15] Cf. AQUINO JÚNIOR, Francisco de. "50 anos de Medellín – 5 anos de Francisco: Perspectivas teológico-pastorais". *Perspectiva Teológica* 50 (2018) p. 41-58, aqui 45s.

ses, são aceitas ou toleradas como *uma* entre as muitas expressões eclesiais e uma expressão pouco relevante e pouco atraente. E isso tem gerado muitas desilusões e tem desafiado suas lideranças a encontrar formas criativas e eficazes de "conservar a fé" em um mundo e em uma Igreja que, sob muitos aspectos, vão na contramão do Evangelho de Jesus Cristo.

Parte de suas lideranças históricas mais convictas e criativas foi sendo marginalizada e excluída das instâncias de articulação e coordenação pastoral das paróquias e dioceses e/ou se desiludindo e se afastando dessas instâncias e, aos poucos, perdendo espaço nas comunidades e pastorais. Mesmo conservando a fé e se reconhecendo como Igreja, não encontra mais espaço ou não se encontra mais nos atuais espaços eclesiais (excessivamente devocionais e reduzidos a culto e doutrina e com mentalidades e relações de poder profundamente clericais). Essa situação, dolorosa e compreensível, acaba produzindo na vida de algumas pessoas um processo de des-eclesialização da fé, que é trágico para a própria vivência da fé. Uma nova versão do "Jesus Cristo, sim; Igreja, não". Esse processo de des-eclesialização da fé, se dá tanto na medida em que se prescinde explicitamente da comunidade (não é necessária) quanto, e de modo mais sutil, na medida em que, mesmo afirmando sua importância, não se vincula a nenhuma comunidade real/concreta (idealização da comunidade). E isso é trágico para a própria vivência da fé, porque compromete um aspecto fundamental dela, que é constituir--nos como comunidade ("povo de Deus", "corpo de Cristo", "templo do Espírito") e porque, ao prescindir da comunidade real/concreta, acaba reduzindo a fé a uma questão individual e dissolvendo seu caráter de corpo e/ou de força social e, assim, comprometendo sua eficácia no mundo.

Outras lideranças, por sua vez, têm resistido profética e criativamente em comunidades de base, em pastorais, organismos e serviços sociais, em estruturas paroquiais e diocesanas e em articulações de setores populares da Igreja. Sabem que a Igreja, nas últimas décadas, tomou um rumo bem diferente e sob muitos aspectos até contrários aos rumos dados pelo Concílio Vaticano II e sua recepção na América Latina a partir da Conferência de Medellín. Na linguagem do papa Francisco, foi se tornando cada vez mais uma Igreja "autorreferencial e autocentrada" (em vez de uma "Igreja em saída para as periferias") e uma Igreja clerical (em vez de uma Igreja povo de Deus com seus carismas e ministérios). Mas sabem também que a fé nos faz Igreja e se vive em Igreja (comunidade concreta/real e não apenas ideal) e que a missão se realiza como Igreja e não apenas como indivíduos (corpo ou força social) e não abrem mão desse aspecto fundamental da fé e da missão. Por isso, resistem profética e criativamente na vivência eclesial da fé e no exercício eclesial da missão. E de muitas formas: participando de comunidades e pastorais; assumindo serviços ou ministérios na comunidade; articulando comunidades e setores populares da Igreja; sensibilizando comunidades e pastorais com os problemas e as lutas do povo; vinculando esses problemas e essas lutas à catequese, à leitura da bíblia e à liturgia; atentando para as diversas situações de sofrimento que marcam a vida de tanta gente; fazendo trabalho de base com adultos, crianças, adolescentes e jovens; despertando, cultivando e acompanhando novas lideranças; participando e/ou fortalecendo as pastorais, organismos e serviços sociais na Igreja; mobilizando atividades eclesiais que abrem a Igreja para aos grandes problemas do mundo (Campanha da Fraternidade, grito dos excluídos, marchas por direitos, defesa de comunidades e grupos marginalizados e injustiçados etc.); apoiando e participando de lutas e organizações populares etc. Fazem isso num ambiente eclesial extremante adverso, não sem dificuldades e até sofrimento, mas como aspecto fundamental e irrenunciável da forma cristã de viver a fé e assumir a missão que nos foi confiada.

De modo que as CEBs, como jeito de viver a fé, têm cada vez mais um *lugar marginal* e uma *atuação profética* no conjunto da Igreja. Mais do que nunca têm que assumir características de "fermento", de "sal", de "luz", de "semente". E isso em um contexto social e eclesial adversos. Não dá para fazer de conta que nada mudou e continuar organizando grandes encontros intereclesiais como se as CEBs fossem a base de toda Igreja. Não dá para ignorar a sensibilidade atual para questões subjetivas e cotidianas tão bem captada pelos movimentos pentecostais. Não adianta criticar e lamentar os "novos" rumos da Igreja sem se dispor a viver e construir na base o jeito de ser Igreja das CEBs. Não dá para coordenar e articular as CEBs sem fazer parte de nenhuma comunidade concreta. Não adianta idealizar e celebrar o passado com suas lutas, seus profetas e mártires sem assumir com seriedade o tempo que nos toca viver: seus desafios, suas lutas, suas profecias... Tampouco adianta admirar e aplaudir o papa Francisco em seu empenho profético por uma "Igreja pobre e para os pobres" ou uma "Igreja em saída para as periferias" sem se dispor a viver e animar no dia a dia esse jeito de ser Igreja – mesmo que marginal e na contramão do modelo clerical e autorreferencial que se impôs nas últimas décadas – como faz o papa Francisco e como fizeram todos os profetas e movimentos proféticos ao longo da história...

Não basta lamentar o passado e criticar o presente. Importa atualizar crítica e criativamente esse jeito de ser Igreja no contexto eclesial e social em que estamos inseridos. Sempre nos passos de Jesus de Nazaré, na fidelidade ao Evangelho do reinado de Deus, na força do Espírito, no serviço aos pobres e marginalizados.

CONCLUSÃO

"É MISSÃO DE TODOS NÓS..."

A Igreja é a comunidade dos seguidores e seguidoras de Jesus Cristo. Sua missão é continuar a missão de Jesus neste mundo. Neste sentido, ela é "por natureza missionária": nasce da missão de Jesus e nasce para continuar essa missão. A missão não é uma opção nem é tarefa de algumas pessoas, mas é aquilo que caracteriza e faz a Igreja e é tarefa de todos os cristãos.

A missão da Igreja é a mesma de Jesus: anunciar com palavras e ações a Boa Notícia do reinado de Deus que diz respeito à realização do senhoril ou da vontade de Deus neste mundo. E os sinais de sua realização são aqueles que aparecem na pregação e na prática de Jesus e que estão narrados nos evangelhos: a fraternidade, o perdão, o amor ao inimigo, a humildade, a simplicidade, o serviço e, sobretudo, a compaixão e a misericórdia com os pobres, marginalizados e sofredores. Quando isso acontece é sinal que o reinado de Deus está se tornando realidade e o pecado, que é rejeição e oposição a isso, vai sendo destruído. Esse foi o grande Evangelho de Jesus e esse é o único Evangelho que a Igreja tem para o mundo. Por essa razão, normalmente falamos da missão da Igreja em termos de evangelização. Sua missão é evangelizar. E como bem recorda o papa Francisco no número 176 de sua Exortação *Alegria do Evangelho*, "evangelizar é tornar o Reino de Deus presente no mundo".

É importante insistir aqui em duas coisas:

Em primeiro lugar, precisamos levar a sério que a evangelização é missão de todos nós. Ser cristão é ser incorporado a Jesus Cristo (corpo de Cristo) na força e no poder do Espírito (templo do Espírito) e, assim, participar da vida divina (povo de Deus). O batismo nos insere nesse dinamismo: somos batizados "em nome do Pai, do Filho e do Espírito Santo". E esse dinamismo deve se manifestar em nossa vida concreta: "quem diz que está com Deus deve comportar-se como Jesus se comportou" (1Jo 1,6). Essa é nossa missão. Isso nos faz cristãos.

Em segundo lugar, é importante lembrar que essa missão acontece no dia a dia de nossa vida: em casa, com a vizinhança, no trabalho, na Igreja, na política; no respeito e na acolhida a todas as pessoas e na luta contra toda forma de preconceito e discriminação; no exercício do perdão que vence o rancor, o ódio e a vingança; na honestidade nas pequenas e grandes coisas; no zelo pela coisa público (não jogar lixo na rua, respeitar o trânsito, não desperdiçar água, não se apropriar dos bens e dos recursos públicos etc.); no cuidado com as pessoas que sofrem (doentes, idosos, enlutados, desesperados etc.); da defesa dos direitos dos pobres e marginalizados (sem-terra, sem-teto, desempregados, encarcerados, mulheres, negros, homossexuais, pessoas com deficiência etc.); na denúncia contra toda forma de injustiça, preconceito e corrupção; na solidariedade e no apoio às lutas populares; enfim, no esforço de ir se tornado, com e como Jesus, na força do Espírito, uma pessoa boa que passa nesse mundo fazendo o bem (At 10,38) e, assim, ir ajudando a construir um mundo mais justo e fraterno, sinal vivo e eficaz do reinado de Deus entre nós. Essa é a herança que recebemos de Jesus. Essa é a riqueza que temos para oferecer. Essa é nossa missão. Aquilo que normalmente chamamos "missão" (catequese, círculo bíblico, liturgia, SMP, festa de padroeiro etc.) são meios para propor, recordar, motivar e animar o exercício de nossa verdadeira missão: anunciar com gestos e palavras o amor, a misericórdia e a justiça de Deus neste mundo que tem nos pobres e marginalizados seu critério e sua medida (Lc 10,25-37; Mt 25,31-46).

A marca FSC® é a garantia de que a madeira utilizada na fabricação do papel deste livro provém de florestas que foram gerenciadas de maneira ambientalmente correta, socialmente justa e economicamente viável.

Este livro foi composto com as famílias tipográficas Calibri, Segoe e Times New Roman e impresso em papel Offset 75g/m² pela **Gráfica Santuário.**